Ulrich Bien

Trainiere. Dein. Gedächtnis.

Ulrich Bien

Trainiere. Dein. Gedächtnis.

Alles im Kopf

Zahlen, Namen, Fakten

Merktechniken und viele praktische Übungen

humboldt

Bibliografische Information der Deutschen Nationalbibliothek
Die Deutsche Nationalbibliothek verzeichnet diese Publikation in der Deutschen Nationalbibliografie; detaillierte bibliografische Daten sind im Internet über http://dnb.ddb.de abrufbar.

ISBN 978-3-86910-481-2 (Print)
ISBN 978-3-86910-585-7 (PDF)

Der Autor: Ulrich Bien ist Gedächtnistrainer und Experte für effektives Lernen und Arbeiten. Außerdem ist der Autor Lehrbeauftragter an der Universität Eichstätt mit den Schwerpunkten Erwachsenenbildung und Pädagogik.

Originalausgabe

Eine Marke der Schlüterschen Verlagsgesellschaft mbH & Co. KG,
Hans-Böckler-Allee 7, 30173 Hannover
www.schluetersche.de
www.humboldt.de

Covergestaltung:	DSP Zeitgeist GmbH, Ettlingen
Innengestaltung:	akuSatz Andrea Kunkel, Stuttgart
Illustrationen:	Michael Fröhlich, Hannover
Titelfoto:	Getty Images / John Lund
Satz:	PER Medien+Marketing GmbH, Braunschweig
Druck:	Grafisches Centrum Cuno GmbH & Co. KG, Calbe

Hergestellt in Deutschland.
Gedruckt auf Papier aus nachhaltiger Forstwirtschaft.

Inhalt

Eine Legende: Der Schilderwald

Folgende Symbole werden Sie in diesem Buch zu sehen bekommen. Hier die Erklärung, was hinter den Zeichen steht:

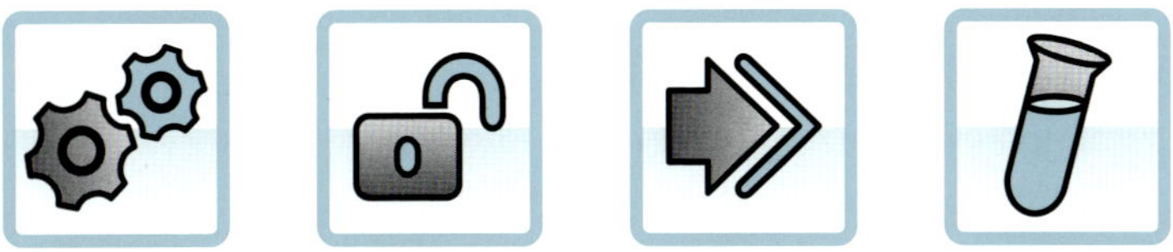

Aufgabe · Auflösung · Weiterführende Übung · Experiment

- **Aufgabe (Zahnräder):** Hier ist Ihr Kopf gefragt! Lösen Sie die Aufgaben mit den jeweils vorgestellten Merktechniken.
- **Auflösung (geöffnetes Schloss):** Die Lösung oder – je nach Aufgabe – mindestens ein paar gute Hinweise darauf, wie Sie die Fakten der Merkaufgabe erfolgreich in den Kopf bekommen. Auch Tipps zum Ausbau der Merktechniken finden Sie an diesen Stellen.
- **Weiterführende Übung (Pfeil):** Jede Menge mehr Beispiele, was Sie mit der gleichen oder einer ähnlichen Technik lernen können. Trainieren und probieren Sie damit, ob die vorgestellten Merktechniken in Ihrem Gehirn optimal funktionieren.
- **Experiment (Reagenzglas):** Spüren Sie am eigenen Kopf, zu welchen Leistungen Ihr Gehirn fähig ist. Die Versuche sind nicht unbedingt wissenschaftlich fundiert, aber dafür umso erhellender – und garantiert ungefährlich!

Tipp

Link

- **Tipp (Glühbirne):** Tipps und Tricks rund um das Lernen an sich und die kleinen und großen Merkprobleme des Alltags.
- **Link (@-Zeichen):** Internet-Adressen für Webseiten und Videos mit praktischen Hinweisen, Hintergrundinformationen, Studienergebnissen, Hirn-Experimenten, Software und viele andere Quellen der Schlauheit.
- **QR-Code:** Neben den Internetadressen im Text finden Sie dieses Symbol. Mit Hilfe Ihres internetfähigen Kamera-Handys oder Smartphones können Sie einfach diese QR-Codes (QR = Quick Response) nutzen. Dazu halten Sie das Display Ihres Smartphones über diesen Code, fotografieren/scannen diesen und schon erscheint die Internetseite – ohne umständliches Eintippen der Internetadresse. (Zum Scannen der QR-Codes ist auf den meisten Smartphones die Reader-Software bereits vorinstalliert, andernfalls können Sie sich diese aus dem Internet herunterladen; siehe Herstellerangaben. Für iPhone und iPad z. B. http://itunes.apple.com/de/app/scan/id411206394?mt=8) Sollte Ihr Handy nicht standardmäßig über einen QR-Code-Reader verfügen, finden Sie unter anderem auf www.neoreader.com oder www.i-nigma.com kostenlose Reader-Software. Achtung: Nicht für alle Handy-Modelle ist ein entsprechender QR-Code-Reader verfügbar.

Muster QR-Code: humboldt.de

Herzlich willkommen im Anders-Denken!

„Bildung ist nicht das Befüllen von Fässern, sondern das Entzünden von Flammen." (Heraklit von Ephesos) – Auch wenn Sie es nicht glauben: Ihr Gehirn ist das perfekte Werkzeug, um sich alles problemlos zu merken. In diesem Buch werden Sie erleben, was Ihr Kopf alles kann!

Hereinspaziert ins Hirn!

Viele Menschen machen sich Gedanken darüber, etwas zu vergessen. Haben Sie schon einmal darüber nachgedacht, wie es wäre, wenn Sie sich einfach alles merken und alles wissen könnten?

Aufgabe

Schauen Sie sich die Fragen unten an und nehmen Sie sich für jede genügend Zeit, um in aller Ruhe darüber nachzudenken, wie Sie sich ein Gehirn (Ihr Gehirn) in genialer Höchstform vorstellen.

- Stellen Sie sich vor, wie es wäre, wenn Sie sich einfach alles merken können und nie wieder etwas vergessen?
- Denken Sie darüber nach, was Sie sich gut oder schlecht merken können! Fragen Sie sich auch, woran das liegen könnte?
- Haben Sie sich schon einmal Gedanken darüber gemacht, warum Sie etwas vergessen haben, bei einer Prüfung durchgefallen sind oder schlecht abgeschnitten haben?
- Überlegen Sie, was Sie sich jeden Tag alles merken und problemlos im Kopf behalten, ohne bewusst lernen zu müssen?

- Überlegen Sie, wie schwer (oder leicht) es ist, eine Sprache zu lernen, ein Flugzeug zu fliegen, ein Studium zu absolvieren. Wie würden Sie das anfangen (und erfolgreich abschließen)? Wie viel Zeit würden Sie brauchen, um sich Ihren persönlichen Lerntraum zu erfüllen?
- Überlegen Sie, was Sie gerne in Ihrem Leben noch lernen und wissen wollen!

Warum ich Ihnen diese Fragen stelle? Seit vielen Jahren beschäftige ich mich mit dem Lernen, mit Gedächtnisproblemen, Genies und Hochbegabten, mit guten und schlechten Schülern, erfolgreichen und verzweifelten Jurastudenten (einer der erfolgreichen war über 70 Jahre alt) – und damit vor allem mit dem menschlichen Gehirn. Fast von Anfang an war klar: Viele Menschen wissen scheinbar mehr über den richtigen Umgang mit Mobiltelefonen und Computern als über ihren eigenen Kopf.

Die graue Masse zwischen den Ohren arbeitet meistens still und ohne Fehler. Nicht einmal Kopfschmerzen treten direkt im Gehirn auf, sondern an den Rändern des Schädels und den Schädelknochen. Das Gehirn ist das unauffällige Körper-Kontrollzentrum, das sich nicht einmal mit Symptomen wie Muskelkater oder Juckreiz meldet. Es ist das großartigste Organ in unserem Körper – und wir bekommen es kaum zu spüren!

Genauso selbstverständlich sind unsere Erwartungen: Solange alles läuft wie gedacht, machen wir uns keine Gedanken. Kleinere Fehler (Schlüssel vergessen) verzeihen wir dem Kopf. Wenn aber die Haustür weit offen steht, unsere Tochter vor der Schule vergeblich auf ihre Eltern wartet und wir mit zwei verschiedenfarbigen Socken und ohne Hose im Büro sitzen, kommen erste Zweifel auf.

In der Schule ist es ähnlich: Über unüberschaubare Berge von Stoff hinweg klagen Schüler und Eltern gleichermaßen. Darüber, dass niemand den Kindern erklärt, wie sie Informationen mühelos und mit Spaß in den Kopf bekommen, wird jedoch kaum ein Wort verloren. Lernen wird gleichgesetzt mit dem Hinsetzen-und-Klappehalten-Prinzip. Es geht ja – irgendwie.

Dabei sind Lernen und Merken so einfach, wenn wir unseren Kopf nur ein wenig besser kennen und richtig damit umgehen würden. Merktechniken funktionieren! Sie sind nicht das erstaunliche Hexenwerk von Merk-Genies mit kunstvoll verdrehten Gehirnen, die im Fernsehen sinnfreie Mengen von Informationen in ihre Köpfe schaufeln. Wer sich zum ersten Mal mit diesen Lernmethoden beschäftigt, der fühlt sich wie hinter den Kulissen einer Zauberschau – wenn der Trick bekannt ist, dann ist alles plötzlich ganz einfach.

Es klingt vielleicht zunächst überraschend, doch das Erklären von Merktechniken stellt in meinen Trainings eine gar nicht mal so große Herausforderung dar. Vor vielen Jahren hat Erich von Däniken über das Ausgerechnet-jetzt-Syndrom geschrieben: Bei ihm ging es um die Erwartung der Menschen, dass Außerirdische, die vielleicht viele tausend Jahre brauchen, um zur Erde zu reisen, ausgerechnet in diesem Jahrzehnt zu Besuch vorbeikommen. Das Gleiche erlebe ich in meinen Seminaren: Die Teilnehmer erlernen die Merktechniken mühelos und schnell. Aber wenn sie in einer speziellen Situation etwas merken sollen (oder müssen), dann schlägt der innere Schweinehund zu: Geht nicht! Ist genau für diesen Fall nicht anwendbar! Ausgerechnet dafür lassen sich Merktechniken nicht benutzen!

In meinem letzten Buch *Einfach. Alles. Merken.* werden zahlreiche Lern- und Merktechniken von oben bis unten durchleuchtet und von vorne bis hinten erklärt. Doch dieses Buch *Trainiere. Dein. Gedächtnis.* ist anders! Ich möchte Ihnen zeigen, dass Sie tatsächlich alles – und sei es noch so abwegig – mit Merktechniken leichter, mit mehr Spaß, fehlerfrei und lange in Ihrem Kopf abspeichern können.

Sie werden die besten Merktechniken anhand zahlreicher Beispiele im eigenen Kopf erleben. In diesem Buch habe ich weitgehend auf Hintergrundinformationen verzichtet, weil Sie spüren sollen, dass Lernen ein kreatives, müheloses und lustvolles Erlebnis sein kann.

Der zweite Teil dieses Buchs ist dem langfristigen Lernen gewidmet: Wie meistert man die Schule, ein Studium, eine Fortbildung, ein anspruchsvolles Hobby?

Und sollten Sie nach dem Lesen doch über eine Lern-Hürde stolpern, die sich nicht mit Hilfe von Merktechniken übersteigen lässt: Schreiben Sie mir! Am Ende finden Sie meine E-Mail-Adresse und Internet-Links, wo Sie noch mehr Antworten auf Ihre Lernfragen finden.

Ulrich Bien

Denken ist gesund (und erlaubt)

„Ein ungeübtes Gehirn ist schädlicher für die Gesundheit als ein ungeübter Körper.“ *(George Bernard Shaw)*

Zuerst kam Sudoku, dann Gehirnjogging mit Doktortitel als technisches Taschenspielzeug – laut Werbung der ultimative Intelligenzmacher. Aber: Allein das Kaufen der Spielmaschine macht nicht schlau! Tatsächlich ist die moderne Variante des Kreuzworträtsels vor allem ein netter Zeitvertreib, während im Gegensatz dazu das klassische Ausfüll-Raster tatsächlich bildet: Deutscher Fluss mit fünf Buchstaben? Bindewort mit drei Buchstaben? Und?

Zwar ist wissenschaftlich belegt, dass ein aktives Gehirn gesünder denkt und länger fit bleibt, aber der Kopf ist ein gut organisiertes Faultier. Er gewöhnt sich schnell an ständig gleiche Aufgaben, indem er effektive Routinen zur Lösung von sich wiederholenden Rätseln entwickelt und dann die Aktivität schnell wieder herunterregelt. Gehirnjogging mit immer gleichen Rätseln ist Fließbandarbeit: Die Birne schaltet nach kurzer Zeit auf dunkel! Das hundertste Sudoku mag noch unterhaltend sein, aber für den Kopf ist das längst keine Herausforderung mehr.

Wissenschaftlich belegt ist das in einer Studie des britischen Fernsehsenders BBC und des Medical Research Council der Universität Cambridge: Zwar konnten durch intensives Training die Leistungen in den Computerspielen gesteigert werden, die von den Teilnehmern ausprobiert wurden, aber diese Erfolge ließen sich nicht auf andere geistige Herausforderungen übertragen. Die Versuchspersonen hatten lediglich ihre spielerischen Fähigkeiten trainiert. Mehr nicht! „Gehirntraining und das Streben, die Gehirnfunktion mit Computertests zu verbessern, ist eine Multimillionen-Industrie. Aber bisher gibt es keine stabilen Beweise, dass es wirklich funktioniert", kommentiert Co-Autor Adrian Owen die Ergebnisse der Studie.

Die Forschung scheint unsere Köpfe zu kennen. Wer jedoch länger in den Studienwald schaut, sieht zahlreiche Experimente, Tests und Befragungen mit teilweise den Atem raubenden Ergebnissen: Gehirnjogging senkt die Unfallgefahr hat die Unfallforschung der Versicherer (UDV) herausgefunden. Nun ja: Wer ohne Gehirn auf die Straße läuft, der soll sich nicht wundern, wenn da Autos fahren. Daphne Bavelier und ihr Team der Universität von Rochester haben eine ganz andere Sicht auf Computerspiele: Die ultrabrutalen so genannten Ego-Shooter sind die besseren Gehirntrainer. Sie steigern die Reaktionsfähigkeit, was auch positiv im Alltag genutzt werden könne. Nur braucht hierzulande niemand mehr eine Pistole zu ziehen. Bavelier sieht trotzdem einen Vorteil, „etwa beim Multitasking, Autofahren, Lesen kleiner Schrift, Freunde in einer Menge nicht aus den Augen verlieren und sich in einer Stadt zurechtzufinden" – immerhin. Und auch im regen Kontakt untereinander werden immer neue Hirneffekte entdeckt: So hat der Psychologe Johann Karremans von der Radboud-Universität Nijmegen in den Niederlanden nachgewiesen, dass attraktive Frauen die kognitiven Funktionen von Männern einschränken – was umgekehrt nicht belegt werden konnte.

Gehirnjogging (aber bitte mit immer neuen, abwechslungsreichen Übungen) hat nachgewiesen gute Seiten: Im Alter wird so der Kalk aus dem Kopf geklopft. Das Hirn ordentlich auf Trab zu halten, ist das bisher einzig bekannte Mittel gegen Altersdemenz und Alzheimer. Das Risiko für beide Krankheiten kann durch regelmäßiges Kopftraining um bis zu 50 Prozent gesenkt werden.

Das Max-Planck-Institut für demografische Forschung in Rostock geht davon aus, dass die Lebenserwartung pro Jahr um drei Monate steigt. Während Menschen körperlich immer älter werden und das Angebot an mechanischen Ersatzteilen von Jahr zu Jahr größer wird, ist es der Kopf, der nicht mehr lange genug mitmacht. Hirn gibt es nicht zum Nachkaufen. Der geistige Verfall ist zum Problem des Alters geworden, nicht der Verschleiß des Körpers.

Gehirnjogging ab sechzig hilft allerdings wenig, denn Demenz und Kalk-Kopf-Stillstand brauchen jahrelange Vorbeugung. Viele Menschen müssten darauf hingewiesen werden, wenn sie am Ende ihrer Ausbildung das Hirn auf die ruhige Schiene schieben. Wer seinen Kopf nicht in Bewegung hält, riskiert nicht nur Demenz im Rentenalter, sondern auch ein langweiliges Leben ohne Veränderung.

Der Spruch von Hänschen und Hans ist endgültig ungültig: Mittlerweile wurde die eingefressene Vorstellung wissenschaftlich erledigt, dass es mit den Leistungen des Hirns ab einem Alter von 20 Jahren nur noch abwärtsgeht, bis mit der Rente oder knapp danach der totale Schwachsinn eintritt.

Der Gehirnforscher Ernst Pöppel ist davon überzeugt, dass das Gehirn im Alter immer noch überzeugend gut funktioniert: „Ergebnisse der Hirnforschung zeigen, dass wir auch mit 100 Jahren noch lernen können." Tatsächlich wächst auch bei Erwachsenen durch Kopf-Aktivität die Zahl der Gehirnzellen. Die Neurologen Elanor Maguire und Neil Burgess vom University College in London haben die Gehirne von Londoner Taxifahrern untersucht, die täglich in einem Gewirr von 25 000 Straßen im Zentrum der englischen Hauptstadt herumfahren (obendrein auf der falschen Straßenseite). Ihr Untersuchungsergebnis ist sensationell: Taxifahren in London macht schlau, beziehungsweise vergrößert es die Regionen im Gehirn, die für die räumliche Orientierung zuständig sind.

Schon als Kind faszinierten den Forscher Tristan Bekinschtein von der Universität Cambridge die Kellner in den Kaffeehäusern von Buenos Aires. Wo häufig 15 und mehr Kaffeesorten auf der Karte stehen, wird grundsätzlich ohne Notizblock gearbeitet – eine Frage der Ehre. Bekinschtein bestätigte seinen Landsleuten mit der weißen Schürze geistige Spitzenleistungen. In einem Interview mit der Frankfurter Rundschau erklärte er: „Die aktuelle Forschung zeigt, dass wer insgesamt schärfer denken will, nicht nur gut schlafen und gesund leben, sondern sich auch täglich ein paar Gedächtnisaufgaben stellen sollte."

Die Adulte Neurogenese (das Bilden neuer Nervenzellen im Gehirn auch im höheren Alter) war die Entdeckung der Hirnforschung der 1990er Jahre. Das Gehirn wird größer, wenn es trainiert wird, wie auch Muskeln durch Training wachsen. Kinder, die früh ein Musikinstrument spielen, haben als Erwachsene deutliche größere Hirnregionen, mit denen die Finger gesteuert werden.

Übrigens: Das sinnfreie Gedrücke von Tasten auf Playstation und Gameboy ist dagegen nutzlos. Laut dem Gehirnforscher Manfred Spitzer hinterlässt nur die „aufmerksame und zugewandte Verarbeitung von Erfahrungen" Spuren im Gehirn. Reaktions- und Geschicklichkeitsspiele machen Spaß, aber nur geistiger Spitzensport und Hochleistungsmusik sind Vollwertkost für die Seele. Matthew Syed hat das so zusammengefasst: „Der Prozess der Wissensaneignung verändert die Hardware, in der das Wissen gespeichert ist."

Mit Merktechniken als Software arbeitet unser Gehirn besser und der Kopf-Computer wächst mit seinen Aufgaben. Dabei sorgen Merktechniken nicht für niedrige Drehzahlen im Gehirn, sondern sie regen wesentlich mehr Regionen im Kopf an, als herkömmliches Büffeln. Außerdem fördern sie Fantasie und kreatives Denken.

Kaugummi macht schlau

Besser Lernen durch Kaugummi? Klar – Telefonnummern lassen sich hervorragend auf Kaugummi-Verpackungspapier speichern! Scherz beiseite, denn das ist hier nicht gemeint. Forscher der Universität Northumbria in England untersuchten das Lern- und Merkverhalten von drei Testgruppen: Die erste Gruppe wurde mit Kaugummi gefüttert, Gruppe zwei musste Gesichts- und Kiefergymnastik absolvieren und Gruppe drei saß einfach nur mit starrer Miene da. Und tatsächlich: Die beste Merkleistung erreichten die Kauer, weil durch die Bewegung der Gesichtsmuskeln das Gehirn besser durchblutet wird. Außerdem reduziert das Kauen Stress, da sich bei erhöhtem Druck die Muskeln in Gesicht und am Hals verspannen. Die Folge: Reduzierte Blutversorgung des Gehirns und damit Abnahme der Konzentration. Außerdem ist das Gummi-Kauen gut für die Verdauung, weil es das Nervensystem anregt und Magensäure abbaut. Also: Nicht mehr ohne Gummi – lernen!

Erfolg beginnt im Kopf

„Die Vorstellung, dass natürliches Talent über Erfolg und Misserfolg entscheidet, wird auch heute noch ohne Zögern akzeptiert."

(Matthew Syed)

Je grellbunter die Unterhaltungsindustrie mit ihren Produkten dröhnt, desto dümmer fühlen wir uns. Deutschland rast auf die Verblödung zu – glauben wir und irren uns! Die Wissenschaft misst nämlich ein anderes Bild: Als Flynn-Effekt wird ein Phänomen bezeichnet, dass einen steigenden Intelligenz-Trend von rund drei IQ-Punkten pro Jahr zeigt – und das schon seit ein paar Jahrzehnten. Allerdings herrscht in Deutschland derzeit Stillstand und damit wächst die Angst vor dem Rückgang.

Wer an den akademischen Messungen zweifelt, kann einen Blick in die Denk-Praxis werfen: Schachmeister vom Anfang des 20. Jahrhunderts wären heute höchstens noch Mittelmaß. Das Gleiche gilt in der Musik: Was vor hundert Jahren Virtuosen gespielt haben, wird heute an jeder Akademie heruntergegeigt: Die Etüde Nummer 5 „Feux follets" von Franz Liszt galt vor 200 Jahren noch als unspielbar, während sich Pianisten heute lächerlich machen, wenn sie das Stück nicht spielen können.

Ein Wunderkind muss man nicht sein. Aber die Gier nach mehr im Kopf scheint ungebrochen: Horden von Müttern sind auf der Suche nach besonders hoher Intelligenz bei ihren Kindern. Aufmerksamkeitsdefizite und Erziehungs-Irrläufer werden gerne als hochbegabt bezeichnet. Gehirndefekte sind – dem Film Rain Man sei Dank – ein klares Zeichen überragender Intelligenz: Das Asperger-Syndom, eine leichte Form des Autismus, wurde sogar Einstein posthum untergeschoben. Die Hoffnung auf so eine statistische Unregelmäßigkeit hat eine ganz eigene Industrie hervorgebracht – unter dessen Produkten häufig Kinder leiden.

Dabei hängt Karriere nicht von nackter Intelligenz ab: Einstein war nicht der Bill Gates seiner Zeit. Goethe und Newton – beide in den ewigen Intelligenz-Top-10 – waren wohlhabend, aber nicht reich. Stattdessen offenbart sich ein Gegentrend: Ein Blick auf die Liste der richtig Reichen und wir feuern Lateinbücher und Formelsammlung in die Ecke. Laut dem Wirtschaftsmagazin Forbes haben von derzeit rund 1100 Milliardären auf der Welt mindestens 73 ihr Studium abgebrochen. Bill Gates hat es zwar nach Harvard geschafft, aber die Elite-Universität nicht offiziell beendet – genauso der wohl erfolgreichste Computerverkäufer der Welt: Michael Dell begann, Biologie zu studieren, und sah nie ein Diplomzeugnis (zumindest keins mit seinem Namen drauf). Richard Branson, britischer Milliardär und Abenteurer, brach wegen Legasthenie die Schule mit 16 Jahren ab. Und auch andere große Namen verleiten dazu, das Lernen entspannt zu sehen: Autor William Faulkner, Walt Disney und John D. Rockefeller haben weder höhere Schulen noch Universitäten von innen gesehen.

Aber bevor Sie sich völlig auf Glück und Schicksal verlassen, gehen wir zurück zu neueren Definitionen von Intelligenz, die vermutlich auch den oben erwähnten Geld-Prominenten hohe Kontostände beschert haben: Wahre Intelligenz ist kreative Problemlösung! Oder: Denken Sie einfach nicht mehr so, wie Sie bisher gedacht haben.

Aufgabe

Kennen Sie die Rechen-Legende vom kleinen Wundermathematiker Carl Friedrich Gauß? Sein Lehrer Büttner wollte eine Arbeitspause einlegen und gab seinen Zöglingen auf, alle Zahlen von 1 bis 100 zu addieren. Aber bevor er sich zurücklehnen konnte, hielt ihm der neunjährige Junge einen Zettel mit der Lösung vor die Nase. Gauß hatte die Aufgabe nicht durch Schnellrechnen erledigt, sondern mit Hilfe einer guten Idee gelöst. Überlegen Sie, wie der Mathematiker das so schnell geschafft hat!?

Ein weiteres gutes Vorbild ist die Zeichentrickfigur Wickie. Der kleine Junge schafft es, im rauen Wikingerleben seine grobschlächtigen Zeitgenossen durch schlaue Idee (hervorgerufen durch das Reiben seiner Nase) immer wieder zu übertreffen.

Auch in anderen Begabungsgebieten ist der Begriff Talent massiv entschärft worden: Der schwedische Psychologe Anders Ericsson hat die Fähigkeiten von Geigenspielern analysiert und herausgefunden, dass sich Virtuose und Saitenschrammler nur darin unterscheiden, dass der bessere Geiger besser im Üben war (sowohl auf die Menge der Stunden als auch auf die Art des Trainings bezogen) – damit wäre jedes Talent- und Intelligenzargument gründlich entkräftet.

Auflösung

Um Sie nicht länger auf der Hirn-Streckbank leiden zu lassen: Der kleine Gauß hat das Rechenproblem im wahrsten Sinne der Wörter in die Zange genommen: Ihm ist aufgefallen, dass 1 plus 100 = 101 ist und 2 plus 99 die gleiche Summe ergibt. So brauchen Sie nur noch einen Moment zu überlegen und fast nichts mehr rechnen!

Der IQ im Test – oder: Wie ist schlau?

Der Stand der IQ-Forschung heute ist so abwechslungsreich wie das Wetter: Genetisch bedingt scheint Intelligenz jedenfalls nur zur Hälfte zu sein. In Studien mit Zwillingen und Adoptivkindern haben Forscher festgestellt, dass Unterschiede in der Intelligenz zu 50 Prozent vom Erbgut abhängen. Die zweite Hälfte bestimmen soziales Umfeld, Ernährung, Hygiene, die Zeit im Mutterleib und ein ganzer Berg von anderen wachsweichen Faktoren. Und nicht nur die Schlauheit selbst scheint sich jeder Kontrolle zu entziehen, auch die Messbarkeit der Kopfleistungen ist – je nach Test – extrem und erschreckend unterschiedlich.

Aufgabe

Schauen Sie sich eine typische Intelligenztest-Frage an: Welcher Begriff passt nicht in die Reihe?

- Straßenbahn
- Auto
- Schiff
- Fahrrad
- Eisenbahn

Die richtige Antwort (laut der Ersteller des Tests) wäre Fahrrad gewesen (als einziges Fahrzeug ohne Motor). Jetzt sind Sie wieder dran! Werfen Sie in aller Ruhe noch einen Blick auf die Reihe und suchen Sie nach anderen Antworten, die ebenfalls richtig sind.

Auflösung

Schiff (als einziges Fortbewegungsmittel auf dem Wasser) ist logisch gesehen auch eine korrekte Antwort. Hätten Sie aber im Test dort das Kreuz gesetzt, wären Sie als weniger schlau eingestuft worden. Und es gibt mehr richtige falsche Antworten: Das Fahrrad ist das einzige Ein-Personen-Vehikel. Mit Eisenbahn und Straßenbahn sind die Schienenfahrzeuge doppelt vertreten – eins könnte also weggelassen werden. Und wenn es regnet, dann trifft das schlechte Wetter nur auf dem Fahrrad den Fahrer. Außerdem ist Schiff der einzige Begriff, der kein A enthält. Warum sollte das nicht richtig sein? Die kreativsten Antworten gelten als falsch, obwohl Kreativität die Meisterklasse der Intelligenz darstellt!

Weiterführende Übung

Wenn Sie weiter so um die Ecke denken wollen, dann nehmen Sie sich folgende Aufgabe vor: Nennen Sie spontan drei Dinge, die mit einem Bleistift gemacht werden können. Wenn Sie Schreiben, Malen und Zeichnen antworten, dann ist das lange nicht alles, was mit einem Stift machbar ist. So einfache Fragen sind ein guter Test, um herauszufinden, wie kreativ Sie (und andere) sind. Gute Antworten: Einen Bestseller schreiben, Feuer machen, in der Mitte teilen und damit zwei Bleistifte besitzen …

Lernen Sie doch, was Sie wollen!

Experiment

Stellen Sie sich vor, dass vor Ihnen auf dem Tisch das Telefonbuch von Berlin liegt (oder das einer anderen Millionenstadt). Glauben Sie, diesen Wälzer komplett und fehlerfrei auswendig lernen zu können?

Eine beliebte Frage des Motivationstrainers Paul McKenna lautet: „Werden Sie Ihr Ziel erreichen, wenn Sie so weitermachen wie bisher?“ Vermutlich würden Sie bei der Aufgabe oben nicht einfach mit Auswendig-Lernen beginnen, sondern zuerst einen Plan machen oder mindestens überlegen, wie so etwas überhaupt bewältigt werden könnte. Um es gleich ganz deutlich zu sagen: Auch mit Hilfe von Merktechniken wird das Lernen eines ganzen Telefonbuchs Zeit in Anspruch nehmen. Aber mit Merktechniken werden solche Herausforderungen überhaupt erst möglich – und viele kleinere Aufgaben werden zum Kopf-Kinderspiel.

Auf den ersten Blick ist Lernen eine ungeheuer komplexe Angelegenheit: Eine höllische Mischung aus Willen und Wollen, Selbstbeherrschung, Disziplin, Ausdauer, genetisch korrekter Anlage, mütterlicher Lehrer und knallharter Trainer, der richtigen Hilfsmittel, einer hochpräzisen Planung, der Unterstützung von Freunden und Familie, dem passenden Wetter und zahlreicher anderer Formen von Schicksal und himmlischer Erleuchtung.

Auf der anderen Seite gibt es viele Verführer (auch gute Ausreden genannt), die so viel mehr Glück und Zufriedenheit versprechen, als das abschreckend dicke und ungeheuer trockene Fachbuch auf dem Schreibtisch: das tolle Fernsehprogramm, Sonnenschein bei dreißig Grad, dringendere Aufgaben wie Einkaufen, den Hamster füttern und die Werbebeilage des Supermarkts studieren, sowie die ganze Liga der Das lerne-ich-sowieso-nicht-Argumente.

Dabei ist es eigentlich leicht! Und genau dieses kleine, gemeine Wort wollen wir uns ganz genau anschauen und mit vielen praktischen Beispielen alle Vorbehalte aushebeln, dass Lernen angeblich das Gegenteil von Freude ist.

Gründe gegen das Lernen gibt es viele. Aber es gibt viel mehr Argumente dafür! Eines davon ist unschlagbar gut: Sie werden ein interessantes Leben führen, wenn Sie bis ins hohe Alter lernen können – und es auch tun. Wer Astronaut, Lokomotivführer oder Gehirnchirurg werden will, der muss lernen. Gleiches gilt für Privat-Piloten, Freizeit-Modeschöpfer und für Weltreisende, die sich mit anderen in einer fremden Sprache unterhalten wollen. Stellen Sie sich vor, Sie beherrschen innerhalb kürzester Zeit die Grundlagen einer Fremdsprache, wenn Sie ins Ausland fahren!

Und nicht nur das Ziel zählt: Auch der Weg dorthin – das Lernen selbst – kann und soll Spaß machen. Es ist wundervoll, sich hundertprozentig auf seinen Kopf verlassen zu können. Der Notizblock bleibt zu Hause und es wird jeder bedauert, der sogar seine eigene Telefonnummer im Mobiltelefon nachschauen muss. Noch besser wird es, wenn Sie viel mehr als jedes Durchschnittsgehirn merken können – und zwar unabhängig von Intelligenzquotient und chirurgischen Kopf-Eingriffen. Mit Merktechniken ist auch das kein Problem.

Der Weg dahin? Praxisbeispiele sind hervorragend geeignet, um schnell zu begreifen, wie Informationen verarbeitet werden müssen, damit sie das Gehirn lange und fehlerfrei behalten kann. Außerdem können Sie damit eigene Ideen für kreative Lernansätze entwickeln und so Ihren Merkstil weiter perfektionieren. Ein guter Anzug sitzt noch besser, wenn der Schneider ihm den letzten Stich gibt.

Gezieltes Üben nennt Matthew Syed, Journalist und einer der besten britischen Tischtennisspieler, das Geheimnis – nicht nur seines – Erfolgs: „Weltklasseniveau erreicht man, indem man nach einem Ziel strebt, das sich knapp jenseits der eigenen Leistungsfähigkeit befindet." Die Übungen in diesem Buch werden Ihnen helfen, Lerntechniken sicher zu beherrschen, auch wenn Sie nicht alles davon wirklich wissen müssen. Aber eine ordentliche Portion Allgemeinbildung kann auf keinen Fall schaden.

Aufgabe

Die Eine-Million-Euro-Frage: Wie heißt die schwarze, äußerst unförmige Kopfbedeckung britischer Paradesoldaten? Und damit Sie die Million auch bekommen: Der Helm nennt sich busby (gesprochen bassbi). Aber wie können Sie sich das bis zur Aufzeichnung der Sendung merken?

Etwas Neues lernen lohnt sich immer. Gerade die zahlreichen Kleinigkeiten, die viele Menschen nicht im Kopf haben: Ist es so schwer, sich einmal zu merken, dass Ottawa die Hauptstadt von Kanada und Canberra die Hauptstadt von Australien ist? Statistiken darüber, wie viele Deutsche das wissen, sind verheerend. Fragen Sie einmal Ihre Bekannten und Freunde danach! Aber wundern Sie sich nicht über die Antworten.

Dabei gehören beide Länder zu den zehn größten Staaten der Welt. Und irgendwie haben wir bisher versäumt, gerade das zu lernen. Vielleicht ist es auf unerklärliche Weise aus dem Kopf verschwunden oder wir wollen es nicht lernen, weil es Speicherplatz im Kopf belegen könnte, in dem sich möglicherweise irgendetwas viel Wichtigeres abspeichern ließe.

Dabei ist Allgemeinbildung die solide Basis für das Leben und obendrein für das Lernen. Denn je mehr wir wissen, desto leichter fällt es unserem Kopf, noch mehr zu merken. Es entsteht eine paradoxe Situation: Wer wissen will, muss lernen! Und umgekehrt: Wer lernen will, muss wissen!

Kurz zurück zu den Fragen von oben und ein paar Antworten darauf: Schnellkurse bis zur Privaten-Piloten-Lizenz dauern sechs bis acht Wochen. Einen Autoführerschein kann man in zwei Tagen machen. Spezielle Sprachkurse wie Total Immersion (völliges Eintauchen) schaffen Lernwillige in zwei Wochen auf Fremdsprachlichkeit. Um in China kein Analphabet zu sein, müssen Sie 1 500 Schriftzeichen lesen können. Und in England ist gerade ein Bestseller mit dem Titel „Der 30 Tage MBA" veröffentlich worden (übersetzt: In 30 Tagen zum universitären Abschluss in Betriebswirtschaftslehre).

Auflösung

Und fragen Sie niemanden nach den Hauptstädten von St. Lucia, den Komoren und Kasachstan, das übrigens wie Kanada und Australien unter den Top-10 der größten Staaten rangiert. Und sollten Sie das nicht wissen: Keine Sorge, ein paar Kapitel weiter und Sie haben das zuverlässig im Kopf gespeichert!

Kennen Sie Busbienen? Diese großen, zotteligen und unförmigen Tiere fliegen hinter Bussen her, bis sie ganz schwarz geworden sind von den Abgasen. Um sich auszuruhen landen sie am liebsten auf den Köpfen britischer Paradesoldaten …

Auflösung

Ab jetzt bitte merken?

„Der Mensch soll lernen, nur die Ochsen büffeln.“ (Erich Kästner)

Ab jetzt gilt der Grundsatz: Einmal richtig merken und nie wieder vergessen! Dieses Motto besteht aus zwei Teilen – genau wie die Anwendung von Merktechniken: Erst den Lernstoff analysieren, anschließend die geeignete Technik wählen, dann die Fakten ins Gehirn schaufeln. Nur wer richtig merkt, der merkt für immer!

Aufgabe

Beginnen wir mit einer einfachen Merkaufgabe. Prägen Sie sich die folgende 20-stellige Zahl ein:

7 1 1 9 2 8 9 1 1 9 1 4 0 8 9 2 4 1 3 0

Wissenschaftlich gesehen ist in jedem Gehirn nach sieben Ziffern das Ende der Merkfähigkeit erreicht (und die hält dann höchstens ein paar Minuten an). Trotzdem ist diese Folge auch für Ihr Gehirn kein Problem! Nehmen Sie den Grundsatz richtig merken ernst! Bevor Sie die Zahl durch Wiederholen auswendig lernen, prüfen Sie die Aufgabe nach folgenden Punkten, die Sie ab jetzt bei jeder Lern-Herausforderung anwenden sollten:

- **Suchen Sie eine geeignete Methode**, wie sich das Problem am besten lösen lässt: Erst denken, dann lernen! Auch wenn das am Anfang etwas kompliziert erscheint. Später werden Sie einen vollen Merk-Werkzeugkasten haben, in dem für jedes Problem etwas dabei ist.
- **Übersetzen Sie abstrakte und ungreifbare Fakten** grundsätzlich in Bilder (vor allem Zahlen, Fremdwörter, hoch komplizierte Beschreibungen). Suchen Sie Vergleiche, geben Sie Informationen einen Sinn oder einen praktischen Bezug (schon die Vorstellung der sieben Zwerge ist für das Gehirn besser verdaulich als bloß

die Ziffer 7 gleich am Anfang der Ziffernfolge). Verwandeln Sie alles in verständliche und länger merkbare Informationen – und zwar grundsätzlich. Übrigens: Genies denken genauso!

- **Fassen Sie in sinnvolle Einheiten zusammen:** 911 ist beispielsweise eine merkwürdige (auffällige) Gruppe von Ziffern, die sich mindestens in einen bekannten deutschen Sportwagen oder das Einstürzen des World Trade Centers in New York übersetzen lässt, also zwei starke Bilder statt drei langweilige Ziffern. Bevor Sie weiterlesen, nehmen Sie den Rest der Ziffernfolge genauso kritisch auseinander!
- **Prüfen Sie, wie viel Sie tatsächlich merken müssen** und was für eine Art von Information Sie sich besser merken können: Ein Porsche bleibt leichter im Kopf als drei Ziffern. Und merken Sie sich den Anfang der 20-stelligen Reihe als sieben Zwerge plus eine Fußballmannschaft. Zwei Bilder sind weniger Informationen, die leichter zu merken sind als sechs Ziffern.
- **Planen Sie das Lernen und unterteilen Sie in sinnvolle Abschnitte:** Wenn Ihnen so viele Stellen auf einmal zu viel sind, fragen Sie sich: Wie viele Ziffern schaffen Sie am Stück, ohne dass Ihre Konzentration nachlässt? Wenn es Ihnen hilft, besser zu merken, dann lernen Sie in 20 Tagen eine Ziffer pro Tag. Lernen darf länger dauern, wenn zuverlässig gelernt wird. Wer lernt und wieder vergisst, der verschenkt seine Zeit.
- **Testen Sie, ob Ihre Merktechniken funktionieren:** Haben Sie gute Bilder für alle Ziffern gefunden? Beim richtigen Lernen geht es nicht nur darum, alles im Kopf zu haben, sondern bereits das Übersetzen der Fakten soll Spaß machen. Wenn Ihnen die Suche nach Bildern schwerfällt, überlegen Sie, wie sich das leichter gestalten lässt. Jede Form von Kopfquälerei ist strengstens verboten!
- **Verbessern Sie an den Stellen, wo Sie vergessen haben:** Wenn Sie Merktechniken benutzen, wird das Vergessen zu einer wich-

tigen Hilfe, Ihre Methoden zu verfeinern. Wenn etwas im Kopf verschwindet, liegt es meistens weder am Gehirn noch an den Fakten, sondern nur am falschen Lernen.

- **Freuen Sie sich über Ihren Lernerfolg:** in diesem Fall eine 20stellige Zahl – also etwa das Dreifache des Merk-Durchschnitts! Ein Sprichwort sagt: Wer feiert, der kann auch arbeiten! Einfach umdrehen: Wer erfolgreich lernt, darf sich auch darüber freuen!
- **Machen Sie sich klar, wie Sie gelernt haben.** Einen guten Lernansatz, der in Ihrem Kopf funktioniert, sollten Sie bewahren wie einen Schatz, denn es gibt so viele Zahlen im Alltag, die gemerkt werden wollen. Aber Sie können schon entspannter sein, denn die Zahlen, die wir uns täglich einprägen müssen, haben häufig weniger als 20 Stellen.

Diese Art zu denken ist verrückt? Sie haben im ersten Augenblick keinen guten Einfall? Zu schwer für den Anfang? Dann hängen Sie in den üblichen und bereits genannten Ausreden fest. Hier sind ein paar Ideen, wie Sie dieses (niedliche) Zahlmonster bewältigen können. Viel dickere Merk-Brocken kommen später (sie sich sicher auch erfolgreich merken werden).

Auflösung

Es gibt Studien darüber, warum manche Kinder schlecht in Mathematik sind und andere besonders gut. Eine These ist, dass es Menschen gibt, die Zahlen mit den gleichen Augen und genauso viel Vorstellungskraft sehen können wie andere Menschen Buchstaben und Wörter.

Schauen Sie auf die Folge von 20 Ziffern aus dieser Perspektive: Sieben Zwerge und eine Fußballmannschaft fahren mit einem Porsche 928, einem Porsche 911 und einem 914er Porsche nach München und brauchen 24 Stunden, weil sie auf der Autobahn nur Richtgeschwindigkeit fahren dürfen. Noch ein wenig Autohintergrund, um die drei Sportwagen besser zu merken: Die sind vom größten Modell (8-Zylinder) über den 911er mit 6-Zylindern bis zum kleinsten, so genannten VW-Porsche mit 4-Zylindern aufgereiht.

Aber halt: Den Text oben nicht einfach nur lesen, sondern richtig vorstellen. Verankern Sie die kleine Geschichte und die Reihenfolge der Bilder sicher in Ihrem Kopf. Und probieren Sie, ob Sie von jedem Bild wieder zuverlässig zurückfinden zur gewünschten Ziffernfolge. Kennen Sie die Richtgeschwindigkeit auf deutschen Autobahnen? Leser aus Österreich müssen bei diesen Ziffern an die Höchstgeschwindigkeit auf den heimischen Autobahnen denken. Wenn Sie nicht verkehrsfest sind, dann machen Sie aus der 130 ein kombiniertes Bild: Kurz vor München haben Sie Pech (Signal für die Unglückszahl 13) und stehen mit null km/h im Stau! Merken erfolgreich erledigt!

Experiment

Sie denken, diese Art zu merken ist ziemlich aufwändig und komplizierter, als einfach nur auswendig zu lernen? Probieren Sie es aus! Merken Sie sich die nächste 20-stellige Zahl, wie Sie bisher gelernt haben. Nach ein bis zwei Tagen prüfen Sie, von welcher der beiden Zahlen Sie mehr Ziffern im Kopf behalten haben.

2 4 1 2 1 2 2 3 3 3 1 4 1 5 4 5 6 1 7 4

Und? Leichter oder schwieriger zu lernen? Vielleicht sind Sie ja bereits infiziert und haben auch in der zweiten Zahl Muster und auffällige Ziffernkombinationen entdeckt. Anders zu denken ist wie Radfahren: Einmal gelernt werden Sie nicht so leicht davon loskommen! Sie können gerne versuchen, das Radeln zu verlernen.

Merktechniken verändern den Blick auf die Welt – und das ist keine Warnung vor diesem Buch, sondern genau das Gegenteil!

Das Lernen vor dem Lernen

„Aufs Denken verwandte Zeit
ist die größte Zeitersparnis überhaupt." *(Norman Cousins)*

Aufgabe

Lernen Sie, welcher Buchstabe im Alphabet an welcher Stelle steht!

Es gibt zwar Rennfahrer ohne Führerschein, aber wenn Sie mit Merktechniken vertraut sind, werden Sie merken, dass Lernen ohne die richtige Technik länger dauert und mühevoller ist. Denn viele Informationen, die wir uns merken müssen, sind einfach nicht für unsere Köpfe gemacht. Inkompatibel würde der Computerexperte das nennen. Das richtige Be- und Verarbeiten von Fakten in eine gehirnfreundliche Form kostet aber auch Zeit (auf den ersten Blick dauert es vielleicht sogar länger als normales Lernen) – aber wie Sie am Beispiel des Telefonbuchs gesehen haben, wird das Unmögliche damit erst machbar. Und wie Sie noch sehen werden: Mit Merktechniken ist Lernen tausendmal leichter und weniger frustrierend. „Für so etwas habe ich keine Zeit", sagte ein Jurastudent knapp vor dem Staatsexamen. Wenn nur ein Tag Zeit ist, lohnt es trotzdem, sich Gedanken darüber zu machen, wie man lernt.

Also nicht einfach draufloslernen, sondern vorher kritisch betrachten, einen anderen Standpunkt einnehmen, und wenn Ihnen keine Lösung einfällt: Radikal die Perspektive und die eigene Denkweise wechseln. Wir sind viel zu sehr darauf programmiert, auf der ersten Seite, mit der ersten Lektion und als (scheinbar) unwissender Anfänger zu beginnen.

Angenehme Nebeneffekte

Damit Sie sich klar darüber werden, was Sie in Ihrem Kopf lostreten, wenn Sie Merktechniken benutzen, an dieser Stelle eine ausführliche Liste aller bekannter Nebenwirkungen, die der veränderte Umgang mit dem Gehirn auslösen kann:

- **Wissen und Allgemeinbildung:** Sie lernen einfach, weil es einfach ist zu lernen. Statt die Dinge auszublenden, die wir nicht wissen, fängt das Gehirn an, mit neuen Fakten zu spielen und diese wie von selbst zu merken.
- **Kreativität:** Lernen ähnelt mehr einem guten Rätsel als dem sturen Sitzen auf dem Hosenboden: „Statt in Kirche oder Schule, festzusitzen auf dem Stuhle“, wie es Wilhelm Busch in Max und Moritz formuliert hat.
- **Logisches Denken:** Mehr führt zu noch mehr! Je besser Ihr Kopf trainiert ist, desto mehr wird er lernen. Es entsteht ein positiver Domino-Effekt: Ihr Gehirn wird dauerhaft im Aufwind fliegen.
- **Aktivierung zahlreicher Bereiche des Hirns:** Das viel zitierte Denken in Bildern ist eine Eigenschaft, die durch Merktechniken massiv gefördert wird – und die Erwachsene häufig gründlich verlernt haben. Das berüchtigte fotografische Gedächtnis ist zwar eine Wissenschaftslegende, aber unsere Kreativität und Fantasie sind etwas, dass nicht nur zum Träumen, sondern auch zum effektiven Lernen benutzt werden kann.
- **Räumliche Orientierung und bildliche Vorstellungskraft:** Stellen Sie sich vor, Sie benutzen nicht nur Ihren Kopf zum Merken, sondern können Ihr Wissen auch im Fitness-Studio und im Supermarkt ablegen. Wie das? Lassen Sie sich überraschen oder schauen Sie ins Kapitel Überall, nur nicht im Kopf!
- **Wortschatz und Ausdrucksvermögen:** Mittlerweile ist nachgewiesen, dass Zahlengenies Folgen von Ziffern als Bilder oder Geschichten sehen. Im Kapitel Huhn plus Schi gleich Ufo wer-

den Sie genau das lernen! Gleichzeitig werden Sie – statt Zahlen zu merken – Ihren Wortschatz und den Zugriff auf das innere Wörterbuch durch Einsatz des so genannten Majorsystems deutlich verbessern.

- **Aufmerksamkeit und Konzentration:** Wenn das Gehirn Spaß an etwas hat, dann vergeht die Zeit wie im Flug. Wenn Sie Lust am Lernen haben, werden Sie im Stoff versinken und das Gefühl für die Zeit verlieren. Gleichzeitig wird Ihr Blick geschult für die kleinen Details im Lernstoff und im Leben.
- **Höhere Produktivität und fehlerfreies Arbeiten:** Entweder Sie schaffen Ihr Lernpensum in kürzerer Zeit oder Sie können in Zukunft mehr in der gleichen Zeit lernen. Besonders Kinder gewinnen wieder Freizeit, in der sie spielen können, statt sich mit lateinischen, französischen und englischen Vokabeln herumzuquälen. Und Sie werden es selbst erleben: Wer mit Merktechniken lernt, der macht deutlich weniger Fehler.
- **Persönliche Weiterentwicklung:** Viele Dinge, die wir tun wollen, scheinen gut bewacht zu sein von grauer Theorie. Wer segeln will oder fliegen, der muss zuerst einen Schein dafür erwerben, also durch Büffeln einen öden Berg scheinbar sinnloser Prüfungsfragen in den Kopf prügeln. Stellen Sie sich vor, dies wird leichter und kürzer vorbei sein. Viele Menschen verändern mit Merktechniken Ihr Leben, weil Sie merken, dass sie Dinge tun können, die vorher unendlich schwer erschienen.

Auflösung

Haben Sie zum zweiten Mal in Ihrem Leben das ABC gebüffelt? Vermutlich nicht, oder? Einen Effekt haben Merktechniken nämlich auch: Sie sind ungeheuer bequem! Das einzige, was Sie sich für die Lösung der Aufgabe oben merken müssen ist die Zeichenfolge EJOTY. Das ist einfacher, als jeden Buchstaben mit einer Position zu kombinieren. Und wieso ist damit die Aufgabe gelöst? Diese

Buchstaben stehen an den Stellen 5, 10, 15, 20 und 25. Wenn Sie die Position eines beliebigen Buchstabens ermitteln wollen, müssen Sie also niemals weiter als zwei Buchstaben vor oder zurück denken! Der wievielte Buchstabe im Alphabet ist das R? Das K? Und das V?

Alles nur eine Frage der Technik! Oder: Auch Rätsel helfen beim Lernen

„Man soll Denken lehren, nicht Gedachtes.“ *(Cornelius Gurlitt)*

Aufgabe

Prägen Sie sich folgende Zahlenfolge ein! Aber bevor Sie loslernen, ein Hinweis: Sparen Sie sich das Büffeln – auch diese Folge enthält eine Möglichkeit, nicht lernen zu müssen, wie Sie bisher gelernt haben. Wenn Sie es nicht erraten, denken Sie doch mal laut im Zweiertakt!

1 1 1 2 1 3 1 4 2 1 2 2 2 3 2 4 3 1 3 2 3 3 3 4 4 1 4 2 4 3 4 4

Weiterführende Übung

Wenn das zu leicht war, dann versuchen Sie sich an der Reihe unten. Kleiner Hinweis: Dahinter steckt eine Formel mit dessen Erfinder das Wachstum einer Kaninchenkolonie beschrieben hat:

0 1 1 2 3 5 8 13 21 34 55 89 144 233 377 610

Logisches Rätselraten wird dreifach wertvoll: Es aktiviert das Gehirn, verbessert die Vorstellungskraft und erleichtert das Lernen. Das Finden kreativer Lösungswege ist eine der wichtigsten Grundvoraussetzungen für das Benutzen von Merktechniken. Besonders Kinder sollten immer wieder durch anspruchsvolle und schlaue Aufgaben gefordert werden.

Link

Von daher sind die Rätsel à la *Welche Grafik passt in diese Reihe?* extrem sinn- und wertvoll. Sie trainieren die Suche nach intelligenten Lösungswegen. Schauen Sie sich im Internet um. Es gibt jede Menge Seiten, auf denen logisches Denken herausgefordert wird, zum Beispiel unter http://www.humboldt.de/url/4812. Dort finden Sie Rätsel, bis der Kopf qualmt!

Hier können Sie Rätsel lösen!

Tipp

Versuchen Sie nicht, irgendwie die Fakten in Ihr Hirn zu kriegen, indem Sie sofort losbüffeln. Entwickeln Sie vielmehr einen präzisen Blick für die Beschaffenheit des „Geländes". Kein Rennfahrer gibt einfach Gas. Zuerst wird überlegt, mit welchen Reifen am schnellsten gefahren werden kann.

Auflösung

Mit der ersten Zahlenfolge werden Sie wahrscheinlich keine großen Probleme gehabt haben. Aber machen Sie sich unbedingt klar, dass ein wenig Nachdenken eine Menge Arbeit sparen kann: Statt eine Folge von 32 Ziffern in Ihren Kopf einzuprügeln, müssen Sie sich nur eine einfache Regel merken. Merktechniken verbessern nicht unbedingt die Merkkapazität Ihres Gehirns, aber Sie verbessern die Denkleistung, indem Sie Ihren Blick auf die Fakten verändern. Die zweite Folge stammt von dem italienischen Mathematiker Leonardo Fibonacci, der sie im 13. Jahrhundert aufstellte. Bei der Fibonacci-Folge ergibt sich jede Zahl durch Addition der beiden Vorgänger.

Haben Sie Zahlen-Feuer gefangen? Hier der Link zu einer Internetseite, auf der Sie weiter mit Zahlenreihen rätseln können: http://www.humboldt.de/url/4813.

Link

Zahlenrätsel

Umdenken ist die Antwort

„Bildung ist, was übrig bleibt, wenn man alles, was man in der Schule lernte, vergessen hat.“ *(Albert Einstein)*

Aufgabe

Verbinden Sie die neun Punkte in der Abbildung mit vier geraden Strichen und ohne den Stift dabei abzusetzen!

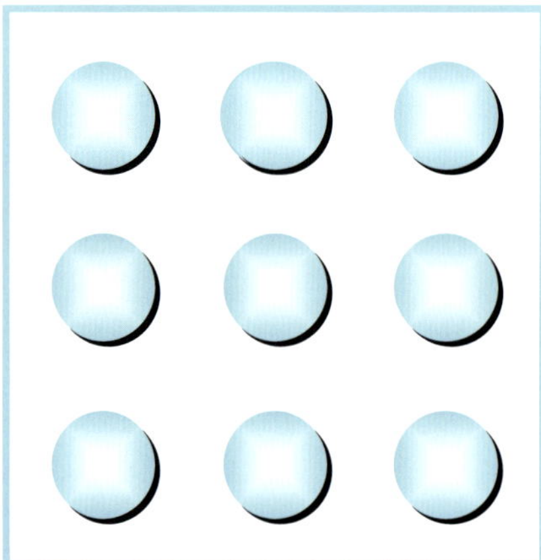

Kleiner Tipp, der das Lösen erleichtert: Der Kasten um die Punkte erschwert die Aufgabe. Sie können das Rätsel nämlich nur lösen, wenn Sie die Linien über die Begrenzung hinausziehen. Übertragen Sie die Punkte auf ein leeres Blatt Papier und lassen Sie die Begrenzung weg. Ihnen wird schneller eine Lösung einfallen!

Experiment

Schauen Sie sich das Bild unten an und verändern Sie endgültig Ihren Blick auf die schwimmende Tierwelt:

Enten tragen Hundemasken! Einmal die Entenschnäbel so gesehen und man kommt nie wieder davon los. Sie werden sich jahrelang an dieses Bild erinnern und die Hunde immer sehen, wenn Sie in Zukunft Enten auf den Schnabel schauen.

Auflösung

Hier die Lösung zur Aufgabe auf der vorherigen Seite:

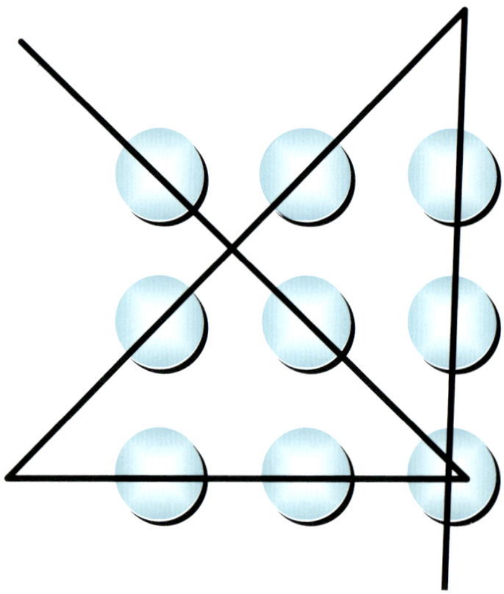

Sie werden es ahnen: Das ist nicht die einzige Lösung. Sie können die Zeichnung auch auf den Boden legen und die Aufgabe mit einer Linie lösen, indem Sie mit dem Stift zweimal die Erde umkreisen – zumindest in der Theorie. Ein Kind hatte die Idee, dass es ebenfalls mit einem Strich funktioniert, wenn der Stift nur dick genug ist.

Weiterführende Übung

Fallen Ihnen noch weitere Lösungen ein? Eine oder zwei sollten es mindestens sein. Was lässt sich aus so einem Rätsel lernen? Denken Sie außerhalb von vorgegebenen Strukturen (*Think outside the box!*, sagt der Amerikaner). Der Kopf wird es Ihnen mit besseren Leistungen und genialen Ideen danken! Und mit einer guten Idee oder einer anderen Perspektive sieht die Welt sofort ganz anders aus.

Von Sinnen, Sinn, Willen und Wollen

Über Wahrnehmung und die besondere Fähigkeit, Informationen konzentriert und mit wachen Sinnen in sich aufzusaugen. Denn erst dann kann der Kopf erfolgreich viel merken. Und weil wir nur sehen, was wir sehen wollen, handelt die zweite Hälfte dieses Kapitels von der richtigen Einstellung zum Lernen und wie sich ein Lern-Schweinehund mit Pauken und Trompeten in die Flucht schlagen lässt.

„Aber wenn ich könnte, wie ich wollte, würd ich gar nichts wollen. Ich weiß aber, dass alle etwas wollen solln.“ *(Wir sind Helden)*

Zen des Lernens

Experiment

Lesen Sie den Text im Dreieck unten!

Und jetzt schauen Sie noch einmal genau hin. Ist Ihnen aufgefallen, dass im Dreieck ein Wort doppelt vorhanden ist?

Unsere Sinne sind darauf programmiert, extrem viele Informationen zu filtern, Überflüssiges auszusortieren und möglichst weit weg vom Gehirn zu halten. Stellen Sie sich vor, alle Sinneseindrücke – inklusive Werbung und das belanglose Gespräch des Pärchens an der Bushaltestelle – würden ungefiltert in unserem Kopf ankommen: Das Gehirn könnte diese Masse von Informationen nicht verarbeiten und wäre völlig überlastet.

Aber Beobachtungsgabe und offene Sinne sind zwei der wichtigsten Grundvoraussetzungen für erfolgreiches Lernen und Merken. Schlechte Aufmerksamkeit wird gerne für eine Fehlfunktion des Gehirns gehalten. Sie sind nicht vergesslich, wenn Sie sich ein paar Sekunden nach dem Schließen der Haustür nicht daran erinnern, ob Sie den Schlüssel umgedreht haben oder nicht. Sie waren in dem Moment, als Sie das getan haben, nur nicht aufmerksam und mit den Gedanken vielleicht schon bei einer wichtigeren Sache. Solche angeblichen Gedächtnisstörungen lassen sich problemlos und ohne ärztliche Hilfe beheben.

Oft lassen die Sinne gar nichts mehr durch – ein Zustand, der sehr häufig beim sturen Lernen langweiliger Themen auftritt. Etwa 47 Prozent unserer Zeit sind wir nicht auf die Außenwelt fokussiert – wir grübeln, schweifen ab, träumen und fantasieren. Tagträumen ist ein so schönes Hobby des Hirns! Allerdings macht das Wandeln in der Fantasie alles andere als glücklich: Der Psychologe Daniel Gilbert von der Harvard-Universität hat herausgefunden, dass Tagträume unglücklich und unzufrieden machen. Dem Leben wach und offensiv ins Auge zu schauen, ist die bessere Lösung.

Männer haben es dabei anscheinend schwerer als Frauen, denn sie werden bereits von Kleinigkeiten extrem abgelenkt. Neben äußeren Einflüssen wie gut aussehenden Frauen sind sexuelle Tagträume ein heimlicher Verführer der Herrenwelt: Die britische Tageszeitung *The Daily Telegraph* berichtet, das der durchschnittliche Mann pro Tag immerhin 13-mal an Geschlechtsverkehr denkt – pro Jahr sind das 4745 sinnliche Abschweifungen ins Land der nackten Fantasie. Wobei Frauen ebenfalls auch nicht ganz frei von dieser Ablenkung sind: sie denken angeblich fünfmal täglich an Sex, hochgerechnet also immerhin 1825.mal im Jahr. Stellen Sie sich vor, Sie hätten in diesen Momenten jeweils eine Vokabel gelernt!

Alltagsteufel: Tür zu? Herd aus? Wasser in den Blumen?
Bevor Sie Ihrem schlechten Gedächtnis die Schuld geben, seien Sie mindestens voll und ganz bei der Sache, wenn Sie wichtige Dinge im Alltag erledigen, damit Sie nicht dreimal zurücklaufen und nachsehen, ob die Tür tatsächlich abgeschlossen ist. Drehen Sie mit wachen Augen den Knopf am Herd und aktivieren Sie beim nächsten Gießen der Blumen alle Sinne, indem Sie in den Wasserstrahl greifen und die feuchte Erde unter den Pflanzen fühlen. Sie werden sich besser an diese Dinge erinnern. Und: Erweitern Sie Ihre Aufmerksamkeit, indem Sie bewusst hinsehen, wie viel Benzin noch im Tank ist, wenn Sie das nächste Mal aus dem Auto steigen, oder wiegen Sie die Flaschen mit Waschlotion und Shampoo beim Duschen. Im Supermarkt werden Sie wissen, was davon Sie kaufen müssen.

Wechseln wir zu einem ganz anderen Thema und unternehmen einen kurzen Ausflug in die Philosophie: Dem iro-schottischen Bischof und Heiligen Kilian wird folgender Ausspruch zugeschrieben: „Nicht erst morgen blüht das Leben, nicht in Jahren sind wir reich. Heute, hier und jetzt Ihr Freunde, leben wir im Himmelreich!“ Eine östliche Parabel, die von einem unbekannten Zen-Mönch stammen soll, beschreibt eine aufmerksame Lebensweise folgendermaßen:

Ein weiser Mann wurde einmal gefragt, warum er trotz seiner vielen Aufgaben immer glücklich sei. Er antwortete: „Wenn ich stehe, dann stehe ich, wenn ich gehe, dann gehe ich, wenn ich sitze, dann sitze ich, wenn ich esse, dann esse ich, wenn ich liebe, dann liebe ich." Da fielen ihm die Fragesteller ins Wort und sagten: „Aber das tun wir doch auch! Was aber machst Du darüber hinaus?" Der Weise antwortete wieder: „Wenn ich stehe, dann stehe ich, wenn ich gehe, dann gehe ich ..." Wieder riefen die Leute: „Das tun wir genauso!" Da entgegnete er ihnen: „Nein! Wenn ihr sitzt, dann steht ihr schon, wenn ihr steht, dann geht ihr schon, wenn ihr geht, dann seid ihr schon am Ziel angekommen."

Die Liebe zum Detail

„Normalerweise gelingt es uns, innerhalb einer Zehntelsekunde die Bedeutung oder den Kern einer Szene zu erfassen. Nachteil dieser Blitzanalyse: Uns entgehen eine Menge Details. Allerdings glauben wir nicht, etwas übersehen zu haben."

(Joseph T. Hallinan)

Experiment

Auch wenn diese Übung auf den ersten Blick nichts mit Aufmerksamkeit zu tun hat, lösen Sie die folgenden Anagramme und finden Sie richtige Wörter, die in dem Buchstabensalat verborgen sind:

- SCHALU
- WEEITR
- GEHRIN
- SELEUFT
- SCHLAL
- WISESN

Denken Sie sofort weiter und finden Sie auch die Wörter, die in diesen Anagrammen verborgen sind:

- GMUMIRFIENE
- SNCEHENMAN
- KBOLDO
- SNESE
- LRTANEE
- ERFU

Machen Sie sich nicht so viele Gedanken darüber, was Sie gerade getan haben. Wir kommen auf Sinn und Zweck des Experiments am Ende des Kapitels zurück.

Ein Schlüsselbrett beseitigt nicht die Ursache, sondern nur die Wirkung eines unaufmerksamen Kopfes – also verzichten Sie darauf! Wir verlieren Schlüssel in dem Moment, in dem sie unaufmerksam an einen Platz gelegt werden, an dem sie sonst nicht liegen und deswegen nicht so leicht wiederzufinden sind. Im hektischen Alltag kann unser Kopf die Vielzahl wichtiger und unwichtiger Dinge gar nicht aufnehmen. Und Dinge, die wir immer und immer wieder auf die gleiche Weise tun, gehen im Kopf sowieso unter: Tür zu? Das nimmt auf der Prioritätenliste den letzten Platz ein, wenn die Kinder an der Jacke zerren, der Hund bereits den Nachbarshund ankläfft und wir gleichzeitig überlegen, ob der Einkaufszettel in der Tasche steckt und wir alle Bücher aus der Stadtbibliothek eingepackt haben, während das Handy in der Tasche klingelt. Wir haben so viele Sachen im Kopf! Es ist ein Wunder, dass die meisten Menschen bei Grün über die Ampel gehen!

Tatsächlich können alltägliche Ablenkungen gefährlich werden. Der Autor Joseph T. Hallinan kommentiert das Angebot an Unterhaltungs- und Informationsinstrumenten in modernen Autos: „Wenn ein überforderter Fahrer sein Auto zu Schrott fährt, weil ihn das Navi abgelenkt hat, geben wir ihm die Schuld. Will man aber diese Art von Unfällen verhindern, müssen sich nicht die Fahrer verändern, sondern die Autos." Aber jetzt runter von der Landstraße und zurück in die Denkfabrik.

Das aufmerksame Analysieren und Verarbeiten von Informationen besitzt zahlreiche Vorteile:

- **Sie machen weniger Fehler**, weil Sie auch die Kleinigkeiten bewusst wahrnehmen (die so oft übersehen werden und nach denen die Prüfer so gerne fragen).
- **Sie sparen Lernzeit**, weil Sie nichts (oder weniger) übersehen und damit nicht zweimal lesen und lernen müssen. Besonders fatal, wenn Sie halbherzig fernsehen: Unser Hirn wird mit Daten zugeschüttet, die es gar nicht verarbeitet, weil Sie nicht hinschauen.
- **Sie behalten die Kontrolle**, weil Ihnen nichts entgeht! Wie in meinem Buch *Einfach. Alles. Merken.* bereits erwähnt, wird bei den Superdetektiven wie Sherlock Holmes und Miss Marple eine überdurchschnittliche Aufmerksamkeit und Beobachtungsgabe mit außergewöhnlicher Intelligenz gleichgesetzt.

Experiment

Kennen Sie das englische Wort *brathering*? Wenn nicht, dann schauen Sie noch einmal ganz genau hin und konzentrieren Sie sich nur auf das Wort und auf nichts davor oder dahinter.

In vielen Fällen gleicht unsere Wahrnehmung einem totalen Blindflug. Das liegt vor allem an der Arbeitsweise unseres Gehirns, das die Welt als Erkennungsspiel behandelt: Wir suchen mit Auge und Kopf die Dinge, die uns bekannt sind, erkennen sie als Stuhl, Tisch, Fenster und Tür und haken so alles innerlich oberflächlich ab. Für die Details, wie sie zum Beispiel ein Kunstmaler wahrnimmt, sind wir geistig in vielen Fällen zu weit entfernt, damit sie bis zum Verstand vordringen. Schauen Sie bei Gelegenheit einem Künstler zu, der Stunden an einer Ecke seiner Zeichnung arbeitet und die Zeit darüber völlig vergisst.

Das wird nicht nur offensichtlich, wenn Zeugen einen Täter beschreiben sollen, sondern auch bei vielen Dingen, die wir schon tausendmal gesehen haben. Wir verlassen uns auf die Tatsache, dass wir Augen im Kopf haben und jederzeit hinsehen können.

Experiment

Nehmen Sie Stift und Papier und zeichnen Sie die Vorderseite eines 1-Cent-Stücks auf. Aber nicht in der Geldbörse nachsehen. Versuchen Sie auch, die Vorderseite eines 1-Euro-Stücks zu zeichnen oder die Vorderseite eines Geldscheins. Falls Ihnen das zu schwer ist, probieren Sie etwas Leichteres: Skizzieren Sie den Inhalt Ihrer Geschirrschublade oder die Reihenfolge der Tasten in der obersten Buchstabenreihe auf einer Tastatur. Was steht dort nach Q, W, E, R, T und Z? Kleine Hilfe: Es befinden sich nur vier Buchstaben zwischen dem Z und dem Ü. Aber welche sind das?

Machen Sie sich keine Sorgen, wenn Sie keine Ahnung haben, wie die Münzen aussehen. Sie sind kein Einzelfall und nicht therapiebedürftig: Joseph T. Hallinan berichtet, dass nur eine von 20 Personen bei dem Münzversuch in den USA in der Lage war, einen Penny zu skizzieren. Und der war ausgerechnet leidenschaftlicher Penny-Sammler. Wenn Sie in ein paar ratlose und verblüffte Gesichter schauen wollen, führen Sie den Test mit Ihren Freunden durch! Ab jetzt machen Sie Augen und Ohren auf, wenn es wichtig wird! Aber lässt sich Aufmerksamkeit bewusst trainieren?

Aufgabe

Eine besonders gute Übung ist, Gegenstände bewusst zu betrachten und mit eigenen Worten zu beschreiben. Besonders schwer fällt uns das bei Personen. Schauen Sie genau hin und achten Sie auf alle Details wie Augen- und Haarfarbe. Lernen Sie, Nasen- und Ohrenformen präzise zu beschreiben – das verbessert Ihren Wortschatz und Sie werden diese Fähigkeit zum Merken von Namen und Gesichtern im Kapitel *Das jüngste Gesicht* praktisch einsetzen.

Neben Gesichtern, Geldscheinen und Münzen gibt es viele Kleinigkeiten, an denen Sie Ihre Aufmerksamkeit probieren und trainieren können. Spielen Sie mit einem Partner öfter das Kinderspiel *Ich sehe was, was Du nicht siehst …* Gleichzeitig sollten Sie sich auch immer eine gute Vorgehensweise überlegen, um die Fakten von den Augen gleich weiter bis ins Gehirn zu befördern.

Aufmerksames Beobachten ist eine Gabe oder es erfordert eine Menge Training. Es gibt Menschen, die ihr Geld mit einem wachen Kopf verdienen: So genannte *Continuity Editors* oder auch *Script Supervisors* achten in Hollywood darauf, dass beim Dreh inhaltlich alles seine Richtigkeit hat. Trotzdem rutscht auch diesen Aufmerksamkeits-Profis immer wieder der eine oder andere Fehler durch.

Link

Schauen Sie sich die lustigen Pannen der Filmindustrie unter http://www.fehler-im-film.de/an. Dort wird auf brennende Steinsäulen (im Film *Troja*) und falsche Drehorte hingewiesen: So spielt eine Szene aus *Das A-Team* angeblich in Frankfurt, obwohl eindeutig der Kölner Hauptbahnhof (inklusive Dom) im Bewegtbild zu sehen ist.

Aufgabe

Das Logo von Google sehen Milliarden von Menschen jeden Tag und immer wieder. Aber welche Farben haben die Buchstaben des Namens? Obwohl wir den Schriftzug kennen, die Farben haben wir uns niemals gemerkt, weil wir nicht richtig hinsehen. Das Gleiche gilt für die Farben der Ringe der Olympischen Flagge oder auch die Flagge von Südkorea. Prägen Sie sich diese Fakten ein, indem Sie eine gute Eselsbrücke zum Merken suchen und finden.

Auflösung

Bevor Sie das Buch weglegen und Ihren Computer anschalten, ist hier die Reihenfolge der Farben des Google-Schriftzugs: G = blau, *o* = rot, *o* = gelb, *g* = blau, *l* = grün und *e* = rot. Und wie lässt sich das merken? Stellen Sie sich die Millionen Blätter vor, auf denen die vielen Suchergebnisse stehen. Deswegen ist die Merkhilfe für Google ein *Blätter-Wunder*: Die Blätter verfärben sich von *braun* über *gelb* wieder in *grün* (weil es ein Wunder ist, läuft die Verfärbung rückwärts). Aber *braun* kommt gar nicht im Wort vor? Die drei Farben sind nur Hinweise auf die sechs Farben der Wort-Bildmarke (genauer die Buchstaben in den Wörtern): BRaun = blau und rot, GelB = gelb und blau, grün = GRün und rot. Um die Ecke denken ist bei Merktechniken erlaubt und gefällt dem Hirn oft besser, als eine allzu logische Lösung. Nebenbei: Welcher Buchstabe steht im Alphabet an 18. Stelle?

Wie schaffen Sie die Flagge von Südkorea präzise ins Gehirn, dass Sie sie sogar aus dem Kopf fehlerfrei zeichnen können? Hier nur ein unanständiger Hinweis: Das Yin-Yang-Symbol (in Korea *Eum* und *Yang* genannt) in der Mitte sieht aus wie ein Pärchen beim Liebesakt: Die Frau (rot) liegt oben, der Mann (blau) unten. Das spitze Ende der oberen, roten Form zeigt nach rechts. Den Hinweis darauf finden Sie im Buchstaben R im Wort *Frau*. Jetzt müssen Sie noch eine gute Eselsbrücke für die so genannten *Trigramme* in den Ecken finden. Kleine Merkhilfe: Die Zeichen symbolisieren die vier Elemente (im Uhrzeigersinn von links oben): Himmel, Wasser, Erde und Feuer.

Weiterführende Übung

Probieren Sie, eine ähnliche Merkbrücke für das Logo des Online-Auktionshauses *Ebay* zu finden (*E* = rot, *b* = blau, *a* = gelb und *y* = grün). Zum Beispiel wurde die Konkurrenz erst *rot* vor Wut und hat sich dann betrunken (*blau*) als Ebay (von der *gelben* Post) ge-*grün*-det wurde.

Link

Wenn Sie sich von der Merkhilfe zur Anordnung der Farben auf der Olympischen Flagge inspirieren lassen wollen, schauen Sie sich folgendes Video bei YouTube im Internet an: http://www.humboldt.de/url/4814 und hier noch eine zweite Merkhilfe: http://www.humboldt.de/url/4815.

Anordnung der Farben der Olympischen Flagge

1. Merkhilfe

2. Merkhilfe

Tipp

Wenn Ihnen die hier gemalten Bilder nicht gefallen – und das ist wahrscheinlich, denn jeder Kopf hat seine ganz eigene Fantasie und Vorstellung, dann suchen und finden Sie Ihre eigenen Lösungen – die werden Sie sich tausendmal besser merken als Fremdvorschläge.

Auflösung

Erinnern Sie sich an die Anagramme vom Anfang des Kapitels? Nehmen Sie einen Zettel und schreiben Sie auf, an welche Begriffe aus den beiden Listen Sie sich erinnern.

Höchstwahrscheinlich werden Sie sich an die Wörter aus den schwerer zu lösenden Anagrammen auf der zweiten Liste besser erinnern. Das zeigten Untersuchungen von Psychologen der Universität Albuquerque. Je intensiver wir uns mit etwas beschäftigen, desto erfolgreicher merkt es sich das Gehirn. Übrigens gilt das auch für Informationen, die in schlecht lesbarer Schrift gedruckt sind. Der Princeton-Psychologe Connor Diemand-Yauman fand heraus, dass Testpersonen mehr Fakten aus unleserlichen Texten behalten. Das gilt genauso für Ereignisse: Die besonders aufregenden Dinge bleiben für immer und ewig im Kopf. So gesehen sollten Sie sich und Ihren Kopf ausschließlich mit anspruchsvollen und besonders komplizierten Dingen beschäftigen!

Weiterführende Übung

Werden Sie zum Meisterdetektiv und entwickeln Sie eine herausragende Beobachtungsgabe: Merken Sie sich zum Beispiel Kleidung und Krawatten der Kollegen im Büro und versuchen Sie herauszufinden, wie viele verschiedene Stoffstreifen Ihr Chef im Schrank hat. Das funktioniert genauso gut mit der täglichen Aufmachung von Lehrern, Dozenten, Freunden und Bekannten.

Konzentration: Auf dem Punkt

„Denken ohne zu lernen ist töricht,
Lernen ohne zu denken ist gefährlich.“ *(Laotse)*

Aufgabe

Jeder kann sich konzentrieren (es sei denn, Sie leiden unter einer medizinisch bedenklichen Störung des Nervensystems). Gerade für das Lernen ist es wichtig zu wissen, *wie lange* Sie voll und ganz bei einer Sache bleiben können. Denn durch ein immer schneller werdendes Medienprogramm werden wir in zu einer Patchwork-Konzentration dressiert, die aus immer kleineren Schnipseln besteht.

Im Internet finden Sie einen Konzentrationstest:
http://www.humboldt/url/4816.

Konzentrationstest

Wenn Sie keine Lust haben, den Computer einzuschalten, dann schauen Sie sich die Abbildung an und finden Sie alle Dreiecke – es sind mehr, als Sie auf den ersten Blick sehen.

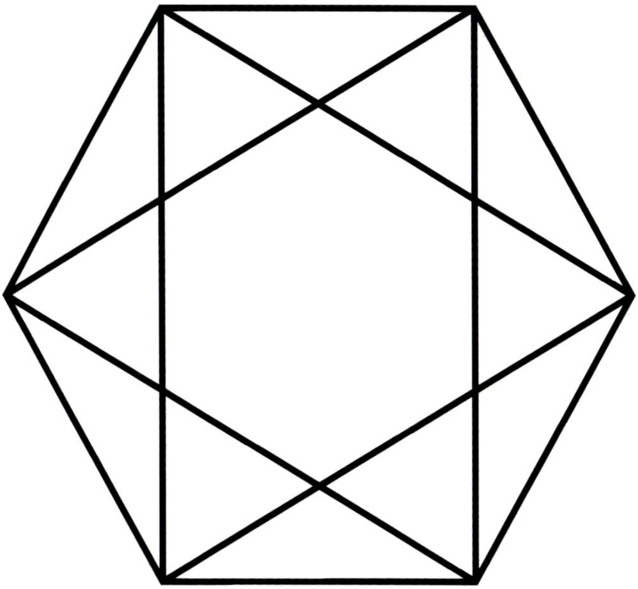

Quelle: http://www.lehrmittelboutique.net

Wie haben Sie beim Online-Test abgeschnitten? Und haben Sie alle Dreiecke gefunden? Beurteilen Sie selbst, wie gut Sie bei der Sache geblieben sind. Das ist fast wichtiger als das richtige Ergebnis. Konnten Sie voll und ganz in der Aufgabe versinken? Haben Sie sich ablenken lassen? Haben Sie nur an Dreiecke und Zahlen gedacht, oder waren Sie in Gedanken schon wieder am Telefon oder beim Zubereiten des Abendessens?

Auflösung

Natürlich sollen Sie auch wissen, ob Sie alles richtig (an)gesehen haben: In der Abbildung sind 32 Dreiecke zu sehen. Die Grafik enthält zwölf einzelne Dreiecke. Zwölf Dreiecke sind jeweils aus zwei Dreiecken zusammengesetzt. Sechs bestehen aus drei Flächen. Zwei weitere aus vier Dreiecken. Nicht gesehen? Dann gehen Sie noch einmal auf mentale Tauchfahrt und zählen Sie diesmal fehlerfrei!

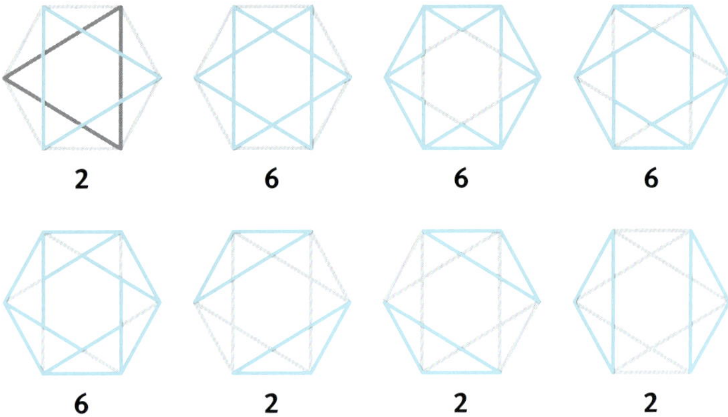

Weiterführende Übung

Widmen Sie Ihre ganze Gehirnkapazität dieser schwereren Aufgabe: Zählen Sie die Quadrate, die auf einem Schachbrett zu sehen sind. Wenn Sie Ihren Kopf voll herausfordern wollen, dann lösen Sie die Aufgabe ganz ohne Stift und Papier.

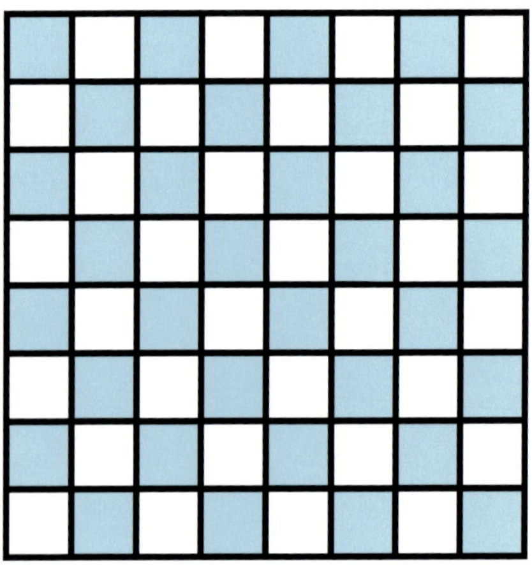

Auflösung

Damit Sie gleich wissen, wie weit Sie zählen müssen: Sie schauen auf insgesamt 204 Quadrate! Aber der Reiz der Übung ist, alle Quadrate mit eigenen Augen zu sehen!

Abgesehen von Spielen und Rätseln ist eine gute Konzentrationsfähigkeit einerseits wichtige Voraussetzung für das Lernen und gleichzeitig eine der Tugenden, die uns immer schwerer fällt. Die Auswirkungen eines rastlosen Geistes sind mittlerweile eingehend untersucht worden: Eine Studie der Universität von Cardiff hat gezeigt, dass wir nach einer 5-sekündigen Unterbrechung mehr als die zehnfache Zeit benötigen, um in unseren alten Arbeitsfluss zurückzukehren. Thomas Jackson stellte in Versuchen fest, dass abgelenkte Versuchspersonen durchschnittlich 64 Sekunden brauchten, um sich wieder auf die alte Aufgabe zu konzentrieren.

Wir können es nicht lassen, immer und überall etwas dazwischenzuschieben. Das elektronische Nachrichtensystem begleitet uns wie der eigene Schatten: Eine Umfrage von Emnid zeigte, dass mehr als die Hälfte aller Deutschen auch im Urlaub ihre E-Mails lesen und beantworten. Jeder Dritte (34 Prozent) packt seinen privaten Laptop oder das Smartphone in die Reisetasche, 18 Prozent nutzen ihr Dienstgerät, obwohl sie entspannt und ungestört am Strand liegen sollten. Und in der Chefetage wird es richtig teuer: 40 Minuten hochbezahlte Manager-Arbeitszeit werden tagein, tagaus durch E-Mails vernichtet. Das ergab eine Befragung des britischen Henley Management College unter 180 Führungskräften. Hochgerechnet vergeuden Manager im Schnitt drei wertvolle Lebensjahre mit dem Sichten überflüssiger und unnützer E-Mails.

Sie haben Post! Und Sie schauen schnell nach von wem? Das tun Sie öfter, als Sie glauben. Die Forscherin Mary Czerwinski fand heraus, dass wir 23 Prozent unserer Arbeitszeit für das Verarbeiten (lesen, schreiben, archivieren) von E-Mails benötigen. Als die Wissenschaftlerin Karen Renaud dieses Verhalten untersuchte, erklärten die Probanden, sie schauten allenfalls jede Stunde in ihr E-Mail-Programm. Tatsächlich aber checkten die Befragten ihre Mails alle fünf Minuten.

E-Mail ist mittlerweile nur ein kleiner Teil der Online-Dauerkommunikation – besonders Jugendliche vergraben ihre Aufmerksamkeit fast vollständig in SMS, Facebook, StudiVZ, Twitter und anderen Online-Diensten. In den USA schreiben Jugendliche im Monat mehr als 3000 Textnachrichten. Jungen liegen mit etwa 2500 SMS weit hinter den Mädchen zurück, die durchschnittlich über 4000 Nachrichten mit dem Daumen ins Handy pressen. Das sind mehr als 6 SMS pro Stunde (ausgenommen die Zeiten, zu denen geschlafen wird).

Laut einer Umfrage von Retrevo und Flowtown lassen sich sogar beim Geschlechtsverkehr zwischen 6 und 11 Prozent der Handybesitzer von einer SMS ablenken! Zwischen 12 und 24 Prozent lassen die Zahnbürste fallen oder steigen aus der Dusche, wenn eine Nachricht eintrifft, und zwischen 27 und 49 Prozent werfen Messer und Gabel weg, um neue Meldungen zu lesen.

Das geschieht alles nebenbei? Von wegen! Das so genannte Multitasking ist eine Legende – übrigens auch beim Computer, der seine Rechenzeit für mehrere Anwendungen in kleine Teile hackt. Tatsächlich können wir unsere Aufmerksamkeit nur auf einen ziemlich kleinen Bereich der Welt da draußen richten. Wer mehrere Dinge gleichzeitig tut, der springt mit seiner Aufmerksamkeit zwischen den Aufgaben hin und her. Der Journalist Joseph T. Hallinan vergleicht das mit Treppensteigen: Zwei Stufen auf einmal zu nehmen braucht nur doppelt so viel Kraft. Mit dem Gehirn ist es schlimmer als auf der Treppe. Tun wir mehr als eine Sache auf einmal, werden wir langsamer und machen rund doppelt so viele Fehler im Vergleich zur vollen Konzentration auf eine Tätigkeit.

Experiment

Die beste Maßnahme, um die Konzentration zu verbessern ist Abschalten – und zwar alles, was stört: Musik, Mobiltelefon, Fernseher, Internet. Und einer der besten Tests, wie es um die eigene Konzentration steht, ist Lesen: Widmen Sie Ihre volle Aufmerksamkeit einem Buch und zählen Sie, wie viele Seiten Sie schaffen, ohne abzuschweifen und sich unterbrechen zu lassen. Trainieren Sie regelmäßig, immer mehr Seiten am Stück zu lesen.

Weiterführende Übung

Mit den folgenden Grübelknüllern können Sie Ihren Kopf ebenfalls ausgezeichnet beschäftigen. Die Aufgaben aktivieren das Gehirn und eignen sich gut dafür, den Kopf anspruchsvoll zu trainieren und die Konzentration zu steigern.

- Zum leichten Einstieg sagen Sie alle Wochentage rückwärts auf. Danach – etwas schwerer – in alphabetischer Reihenfolge und umgekehrt. Dann nach Anzahl der Buchstaben: von den wenigsten zu den meisten und auch wieder umgekehrt. Zum Schluss nach Anzahl der Vokale und Konsonanten einmal auf- und einmal absteigend.
- Wenn Sie mit der Woche fertig sind (oder die Woche mit Ihnen), dann nehmen Sie sich die Monate vor und gehen Sie genauso das Jahr in allen oben genannten Variationen durch.
- Trainieren Sie, das Alphabet rückwärts aufzusagen. Die Übung lässt sich auch in ein Spiel verwandeln: Ein Teilnehmer nennt einen Buchstaben und die anderen müssen so schnell wie möglich den Buchstaben davor nennen. Etwas schwerer: Es muss der Buchstabe zwei oder sogar drei Plätze weiter vorne genannt werden.

- Nennen Sie jeweils drei Dinge mit den gleichen Anfangsbuchstaben, die Ihr Name enthält. Auch das können Sie wunderbar mit einem Partner spielen. Machen Sie das auch für beliebige Wörter oder unter Vorgabe eines Themas, zum Beispiel Fischarten, die mit den Buchstaben *A*, *N*, *T*, *O*, *N* beginnen.
- Anagramme: Suchen Sie in einem beliebigen Wort durch Umstellen der Buchstaben so viele andere Wörter wie möglich (und zwar ohne das Wort irgendwo aufzuschreiben).

Weiterführende Übung

Wenn Ihnen die Übungen oben gefallen haben, dann können Sie gleich weitermachen: Spielen Sie Stadt-Land-Fluss durch das komplette Alphabet – auch rückwärts! Ergänzen Sie um andere Themen, zum Beispiel Sportarten, Schauspieler, Gerichte und Gewürze. Das bringt die Birne richtig zum Glühen!

Konzentration fällt uns leicht, wenn uns eine Sache Spaß macht oder der Kopf herausgefordert ist. Besonders schwer tut sich das Gehirn, wenn es fast nichts zu entdecken gibt: Joseph Hallinan berichtet von Radiologen, die nur auf 0,3 Prozent aller Mammographien (drei von 1000 Bildern) tatsächlich Tumore entdecken – oder auch nicht, denn Studien haben gezeigt, dass die Ärzte 30 bis 90 Prozent aller Tumore übersehen! Das Sicherheitspersonal am Flughafen findet noch weniger und übersieht gleichzeitig noch mehr: 598 Waffen wurden im Jahr 2004 an Flughäfen in den USA entdeckt – verteilt auf 650 Millionen Passagiere (gleichzeitig wird die Fehlerquote bei den Sicherheitsprüfungen auf circa 25 Prozent geschätzt – also jede vierte Waffe bleibt verborgen und gelangt ins Flugzeug).

Link

Wenn wir unsere Aufmerksamkeit auf die falsche Sache richten, werden wir blind für andere Dinge. Schauen Sie sich folgendes Video auf YouTube an und zählen Sie, wie oft der Basketball zugespielt wird – und lesen Sie erst danach weiter: http://www.youtube.com/watch?v=vJG698U2Mvo.

Haben Sie richtig gezählt? Schauen Sie sich das Video noch einmal an und achten Sie nicht auf die Bälle. Ist Ihnen der Gorilla aufgefallen, der durchs Bild läuft? Die meisten Menschen sehen den Riesenaffen nicht, weil das Zählen sie tatsächlich davon ablenkt. Und hier ein Kartentrick, der Ihre volle Aufmerksamkeit erfordert: http://www.humboldt/url/4818.

Kartentrick

Diese Beispiele zeigen, wie wichtig Ihre volle Aufmerksamkeit beim Lernen ist. Allerdings müssen Sie darauf achten, sich auf die richtige Sache zu konzentrieren: Haben Sie gelernt oder geträumt? Haben Sie einen Text gelesen und verstanden oder waren Sie mit dem Kopf ganz woanders? Wenn Ihnen solche Lernpannen passieren, sollten Sie genau beobachten, womit sich Ihr Gehirn während des Lernens beschäftigt hat, und Ihren Blick wieder auf die wirklich wichtigen Dinge richten.

Von Sinnfragen und Spaßfaktoren

„Lernen ist das Spiel, das im Leben am meisten Spaß macht.
Alle Kinder kommen zur Welt mit diesem Glauben,
und sie halten daran fest, bis wir sie überzeugen,
dass Lernen wirklich harte und unerfreuliche Arbeit ist."

(Claudia Monnet)

Experiment

Erst einmal runter vom Stuhl und raus aus dem Sessel: Machen Sie die folgende kleine Übung und staunen Sie, wozu der Kopf in der Lage ist! Dazu müssen Sie stehen (und das Buch in Griffweite haben). Absolvieren Sie den ersten Teil der Übung, dann erst lesen Sie den zweiten Teil.

Teil 1: Stellen Sie sich mit leicht gespreizten Beinen hin, aber stehen Sie nicht zu nahe an einer Wand, denn Sie brauchen Platz, um sich mit ausgestreckten Armen drehen zu können.

Halten Sie beide Arme ausgestreckt vom Körper weg und drehen Sie die Arme inklusive Oberkörper und Hüften rechts herum, so weit Sie können. Und zwar wirklich bis es nicht mehr weiter geht – aber fegen Sie nicht die Lampe vom Tisch. Jetzt schauen Sie in Drehrichtung und prägen Sie sich den Punkt genau ein, den Sie mit den Fingerspitzen anpeilen. Danach können Sie sich wieder entwinden und den zweiten Teil der Übung lesen.

Teil 2: Jetzt schließen Sie einen Moment die Augen und gehen Sie die Drehung wie ein Spitzensportler im Geist noch einmal durch. Stellen Sie sich vor, wie Ihr Blick den maximalen Drehpunkt erreicht. Aber in Ihrer Vorstellung können Sie sich mühelos ein ganzes Stück weiter drehen. Nun machen Sie die Augen wieder auf, heben Sie noch einmal die Arme und drehen Sie sich wieder rechts herum, so weit Sie können.

Und? Wenn das Experiment funktioniert hat, dann müssten Sie sich beim zweiten Mal viel weiter gedreht haben als beim ersten Versuch. Warum? Das war allein Ihr Kopf! Skeptiker argumentieren gerne mit der so genannten *Vordehnung*, aber damit hat der erweiterte Drehkreis nichts zu tun. Sie drehen weiter, weil Ihr Gehirn es sich lebhaft vorgestellt hat. Das Geheimnis ist einzig und allein Ihre Einstellung zu der Übung – kurz: Ihre Motivation!

So viel zum Thema: Was der Wille alles bewirken kann! Wenn Sie mehr darüber erfahren wollen, wie Spitzensportler es vor allem durch geistige Willenskraft bis zur Medaille schaffen, schauen Sie in das Buch *Was heißt schon Talent?* von Matthew Syed.

Aber zurück zum Lernen, denn unsere Dehnübung ist auf den Denksport und das Lernen übertragbar. Ein Blick auf die Evolution des Menschen gibt uns eine einfache Antwort auf die Frage, warum wir nicht gerne lernen: „Lernen ist abstraktes Denken“, erklärt Duane Sider, Director of Learning von Rosetta Stone. „Und der Teil des Gehirns, der dafür zuständig ist, hat Dir noch nie das Leben gerettet!“

So verrückt das klingen mag, aber wir schieben das ungeheure Wissen, das die Kulturen dieser Welt in den letzten Jahrtausenden produziert haben, immer weiter weg vom Gehirn, indem wir verkürzen, verdichten, Listen erstellen und uns Abkürzungen ausdenken. Je weniger Bilder ein Fachbuch enthält und je unverständlicher Fachleute sich ausdrücken, desto seriöser ist ihre Wirkung. Respekt schafft Abstand – und drückt die Motivation und Aufnahmebereitschaft unseres Kopfes tief unter den Nullpunkt.

Abstrakte Informationen erzeugen eine ungeheuer große Dichte an Wissen (alles ist kompakt zusammengekocht), aber für das Gehirn sind mit Fremdwörtern überfüllte, staubtrockene Papierwälzer ein

Albtraum. Die Evolution hat unser Gehirn dahin geprägt, dass wir (Über-)Leben – und das ging lange Zeit ohne ein einziges Stück beschriebenes Papier.

Der amerikanische Arzt und Psychiater Eric Berne formuliert das noch härter: „Wir sind als Prinzen geboren und der Prozess der Zivilisierung macht uns zu Fröschen." Die Erfahrung, dass Lernen eine Qual ist, machen zu viele Menschen viel zu früh: So zeigte eine Studie aus den USA, dass Eltern ihre Kinder achtmal häufiger kritisieren als loben. Das Ergebnis: 98 Prozent aller 14-Jährigen haben ein negatives Bild von sich selbst. Da ist jeder froh, der kein Kind mehr ist. Wissen Sie, warum es schwerer zu sein scheint, sich gesund zu ernähren als ungesund? Warum es leichter ist, dick zu sein als schlank? Geld ausgeben leichter von der Hand geht, als Geld zu verdienen? Warum Lernen mit Mühe und harter Arbeit gleichgesetzt wird und das Wegdämmern vor der Glotze so leicht und unkompliziert zu sein scheint anstatt Karriere zu machen? Die beste Antwort auf alle diese Fragen lautet ganz schlicht: Diese Thesen stimmen alle einfach nicht!

Experiment

Der Kopf wurde von der Wissenschaft dümmer gemacht, als er eigentlich ist: Seit Mitte der 1950er Jahre konnte das Gehirn wissenschaftlich gesehen sieben Dinge kurzfristig merken und für nur wenige Minuten behalten. Genauso wenig nützlich ist die Erkenntnis, dass Menschen auch eine statistische auffällige Vorliebe für die Farbe Blau haben. Solche Behauptungen sind durch zahlreiche Versuche widerlegt und ins Gegenteil verkehrt worden: Das Gehirn kann mühelos Millionen von Bildern abspeichern. Machen Sie folgenden Test bei *humboldt PLUS* unter http://www.humboldt.de/download_humboldt_PLUS/Einfach.Alles.Merken_Uebung_Bildervergleich.wmv und sehen Sie selbst, dass auch Ihr Kopf hundert Bilder und mehr fehlerfrei merken kann.

Trotzdem hält sich die magische Zahl von sieben (plus minus zwei) Fakten und wird immer noch in Büchern über Bildung und Bilden zitiert – spätestens ein paar Kapitel später werden Sie diese lächerliche Denkhürde locker überspringen, wenn Sie es mit dem Videotest nicht schon längst getan haben. Und das ist gar nichts im Vergleich zu dem, was Sie mit Merktechniken alles in Ihrem Kopf abspeichern können.

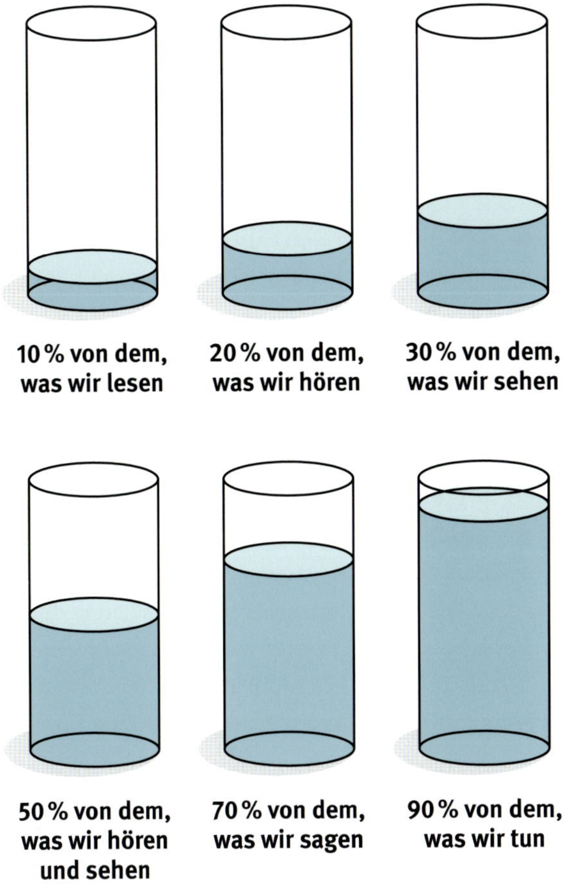

Einerseits ist das alles nur eine Frage der Sichtweise – andererseits eine Frage der Gewohnheit: Sie kommen an einen gewissen Punkt, an dem alles, was Sie tun, auf einmal ganz einfach wird. Wissenschaftlich exakt bemessen dauert das Entstehen von Routine 66 Tage.

Einer der wichtigsten Faktoren, wie Sie Höchstleistungen erreichen, ist tatsächlich der Spaß an einer Sache: zum Beispiel sind Serena und Venus Williams keine Drill-Tennisspielerinnen. In Interviews haben die Schwestern immer wieder erzählt, dass ihnen das harte Training tatsächlich Spaß gemacht hat. Das sollten wir glauben, denn ohne die richtige Portion lustiger Leichtigkeit lassen sich bestimmte Grenzen gar nicht überschreiten.

Außerdem stellen wir uns beim Lernen selbst Hürden auf, weil wir unseren Kopf in den meisten Fällen dabei gar nicht richtig „im Griff" haben: „Leider füllt sich unser Hirn zwar stetig mit Information, nimmt aber oft nur das dauerhaft auf, was man lieber vergessen hätte", fasst *Spiegel Wissen* zusammen.

Warum können wir uns merken, dass die Brüste von Heidi Klum Hans und Franz heißen? Und James Fuller Fixx, Erfinder des Joggings in den 1970er Jahren, nach einem Laufausflug tot zusammenbrach? Aber dass die Hauptstadt von Fidschi Suva heißt, will nicht im Kopf bleiben – jedenfalls so lange nicht, bis wir uns – lustig – vorstellen, dass Fidschi-Fische immer mit Seife (Suva) duschen.

Sie müssen kein ausführliches Motivationsprogramm absolvieren, um den Hunger in Ihrem Gehirn zu wecken. „Eine Initialzündung kann gewaltige Konsequenzen haben", schreibt Matthew Syed in seinem Buch *Was heißt schon Talent?*. Motivation kann aus dem Nirgendwo auf uns herabfallen und einschlagen wie eine Bombe: Für die Sängerin Carly Simon drehte sich das Leben einmal rundherum, als in der Highschool ihr Freund ihr Stottern als „bezaubernd“ bezeichnete – der Anschub reichte bis zum Titelsong eines James-Bond-Films: „Nobody Does It Better“. Man könnte sagen: Niemand kann es besser als die richtige Motivation.

Das Nachdenken über Wünsche, Träume und Abenteuer treibt uns extrem an. Und was bremst uns? Häufig die Ernüchterung darüber, dass man – statt zu segeln, zu fliegen oder eine andere Sprache zu sprechen – erst die Schulbank drücken muss.

Dabei lernen Einsteiger schneller und mehr als Experten. Das ist gleichzeitig eines der größeren Probleme der Motivation, weil wir nach ein paar Wochen am eigenen Kopf zu spüren bekommen, dass es nicht mehr so schnell geht und wir irgendwie auf der mentalen Bremse stehen. Hier helfen das Verständnis für die eigenen (Frust-)Reaktionen und das konsequente Beobachten Ihres seelischen Zustands. Über Folgendes sollten Sie sich beim Lernen bewusst sein:

1. Das **Lerntempo** am Anfang ist extrem hoch. Seien Sie sich klar darüber, dass sich das nicht dauerhaft halten oder steigern lässt. Ihre Lerngeschwindigkeit nimmt mit zunehmendem Wissen eher ab.
2. Der **Wissensunterschied** vom Anfänger zum Experten ist nicht besonders groß, doch das Lernen bis dahin dauert extrem lange. Die Kunst liegt darin, diese Phase kurz zu halten, so effektiv wie möglich zu lernen und durchzuhalten.
3. **Seien Sie stolz** auf das, was Sie gelernt haben. Sie dürfen sich schneller als Experte bezeichnen, als es den Experten gefällt!
4. Sorgen Sie dafür, dass Sie auch später noch **große Schritte** machen: Echte Lernmeister haben eine Spürnase für Neues und eignen sich dieses Wissen gezielt an, statt ewig und ein paar Tage mehr in altem Stoff zu schwimmen.

Vergleichen Sie das Lernen mit dem Lesen von Büchern: Das erste Lehrbuch ist zu hundert Prozent neu. Das zweite enthält ein paar neue und unbekannte Informationen und das dritte nur noch wenige Seiten, auf denen etwas Unbekanntes steht. Jedes Thema können Sie nahezu vollständig mit zwei guten Fachbüchern erledigen.

Auf der Suche nach dem Unbekannten: Wenig finden
Eine gute Internet-Übung dazu ist das so genannte Google-Whacking: Fordern Sie die allwissende Suchmaschine heraus und geben Sie genau zwei Wörter ein, mit denen Sie nicht Millionen, sondern exakt einen Suchtreffer erzielen. Suchen Sie in Zukunft nach wenigen statt nach vielen Treffern. Listen (Suchergebnisse) mit mehreren Millionen Ergebnissen können Sie sowieso nicht durchsehen. Machen Sie es zu Ihrem persönlichen Internet-Sport, gezielt zu suchen und die Maschinen im Netz auch mal ratlos und trefferfrei dastehen zu lassen. Etwas zu finden, das es nicht gibt, ist wahre (Internet-) Brillanz!

Also schärfen Sie den Blick für Neues und fordern Sie Ihren Kopf mit immer anderen Themen und Perspektiven heraus. Auch wenn Sie kein Stück von dem verstehen, was in einem neuen Fachbuch steht, es wird Ihren Kopf auf einer Lernkurve halten, die steil nach oben zeigt. Und wir neigen dazu, das Tempo ab einem gewissen Wissens-(Zeit-)Punkt zu drosseln, weil uns zu wenige Neuigkeiten begegnen. Aber gerade dann: Sinne schärfen und Tempo halten! „Den größten positiven Kick zieht man aus Erfolgen", sagt Hirnforscher Ernst Pöppel.

Experiment

Negative und positive Erlebnisse sind bei glücklichen Menschen nicht zu gleichen Teilen vorhanden. Schätzen Sie einmal, in welchem Verhältnis Ihnen gute und schlechte Dinge widerfahren müssen, um ein glückliches Leben zu führen? Sicher eine ungewöhnliche Frage, die meistens mit 51 zu 49 für die guten Dinge des Lebens beantwortet wird.

Auflösung

Eine Untersuchung von (amerikanischen) Ehen hat ergeben, dass Partner in einer Beziehung glücklich sind, wenn positive Erlebnisse fünfmal häufiger vorkommen als negative. Um diese Quote beim Lernen überhaupt zu erreichen, sollten wir uns stetig und viel häufiger belohnen als bestrafen.

Leider sieht die Wirklichkeit anders aus: Pauken und Büffeln sind die üblichen Bezeichnungen für das Lernen. Ein Stimmungsbarometer ist die Bildsuche bei Google. Sie präsentiert beim Suchwort *Lernen* eine düstere Ausstellung: rauchende Köpfe, böse Geister, die Schüler albtraumartig verfolgen, Bücherlawinen und Wilhelm Buschs Lehrer Lämpel, der mit gestrecktem Zeigefinger zu öder Disziplin aufruft. Max und Moritz waren da anderer Meinung: „Das ist freilich angenehmer und auch viel bequemer, als in Kirche oder Schule festzusitzen auf dem Stuhle.“

Paradies Schule

„Die Aufgabe der Umgebung ist nicht, das Kind zu formen, sondern ihm zu erlauben, sich zu offenbaren.“

(Maria Montessori)

Experiment

Überlegen Sie, was Sie in der Schule gelernt haben und heute noch praktisch anwenden?

„Schüler sind Zwangsabnehmer“, schreibt das Zitat aus der TV-Satiresendung *Scheibenwischer* die Schule ab. Das Problem ist bekannt: *Nicht für die Schule, sondern für das Leben lernen wir.* Dieser Satz des römischen Gelehrten Seneca ist meist falsch wiedergegeben. Eigentlich lautet er: „Nicht für das Leben lernen wir, sondern für die Schule." Vermutlich war Senecas Ausspruch trotzdem so gemeint, wie wir ihn heute verstehen – er stellt eine Zustandsbeschreibung dar, und wir müssen das Wörtchen „leider" dazudenken.

Was muss ich lernen? steht in unserem Bildungssystem zu oft gegen die Frage *Was will ich wissen?* – ganz zu schweigen, was aus dem Lehrplan später tatsächlich für einen Beruf gebraucht wird. Ein toller Test für den Sinn des Lehrstoffs ist, wenn die Eltern ihren Kindern bei den Mathematik- und Chemiehausaufgaben helfen sollen: Das ist oft die Rückfahrt direkt zur eigenen Schulbildung, weil die meisten Themen zwischendurch nie angewendet wurden. Den Sinn dieses Lernens können Lehrer ihren Schülern gleich mit auf den Lernweg geben: Das lernt ihr nur, damit ihr später euren Kindern erklären könnt, wie es funktioniert!

Wenn die Lehrer keinen Sinn servieren, dann gehen Sie selbst auf die Suche – und helfen Sie auch Ihren Kindern, die Schule ein wenig bunter zu sehen, als sie es vielleicht ist!

Das erste Mal

Lernen wird oft als notwendige Brücke zu einer neuen Fähigkeit verstanden. Da müssen wir durch! Dabei wird völlig übersehen, dass die schönsten Erlebnisse bereits während des Lernens geschehen: Das erste Mal ein Auto fahren, das erste Mal selbst ein Flugzeug steuern. Die Bedeutung des Lernens wird unterschätzt! Man fiebert zu sehr auf das Ende hin. Lernen Sie, das Lernen selbst zu genießen!

Link

Was haben Ferrari und Miracoli mit Lateinunterricht zu tun? Schauen Sie nach unter http://www.latein.ch – dort finden Sie viele gute Gründe und spannende Geschichten, die auch das mausetote Latein wieder in eine lebendige Sprache verwandeln.

Aufgabe

Diese Aufgabe hat keine richtige Lösung: Nehmen Sie sich ab jetzt vor, für alles, das Sie lernen, einen Sinn zu suchen (und auch zu finden). Forschen Sie nach lustigen Geschichten und Anekdoten. Lassen Sie nicht locker, bevor auch ein supertrockenes Thema in eine fruchtbare Oase verwandelt worden ist. Es geht auch anders – genau das sollten Sie sich immer dann klarmachen, wenn das Lernen droht, langweilig zu werden!

Richtiges Lernen: Im Grunde ganz einfach

In diesem Teil werden Sie Merktechniken kennen und anwenden lernen, mit deren Hilfe Sie zunächst einzelne Fakten in gehirngerechte Informationen umwandeln und diese viel besser – im Idealfall für immer und ewig – im Kopf behalten werden. Bereits damit werden Sie Fakten mit völlig anderen Augen sehen, und neben besserem Merken und einfachem Lernen wird Ihr Gehirn in vielerlei Hinsicht kreativer und leistungsfähiger werden.

Schauen, bis man sieht

*„Bildung kommt von Bildschirm und nicht von Buch,
sonst hieße es ja Buchung.“* *(Dieter Hildebrandt)*

Das Bild ist älter als Sprache und Schrift. Zumindest ist die Ähnlichkeit der Wörter *Bild* und *Bildung* verdächtig. Aber wo sind die Bilder in den Fachbüchern?

Früher war alles anders. Da waren Wissenschaft und Kunst noch miteinander verheiratet. Das Genie von Leonardo da Vinci bestand wesentlich aus der Gabe, Kunst und Naturwissenschaft gekonnt zu verbinden. Viele seiner Grafiken – darunter auch der *Der vitruvianische Mensch* – sind Meisterwerke wissenschaftlicher Präzision und gleichzeitig herausragende Kunstwerke. Auch Johann Wolfgang von Goethe war ähnlich vielseitig: nicht nur Wissenschaftler und Schriftsteller, sondern gleichzeitig ein hervorragender Zeichner und vieles mehr – und das sind nur zwei der vielen Multitalente, die wir heute nicht mehr sein können. Einer der letzten, der die Kunst in die Wissenschaft zu schieben versuchte, war in den 1920er Jahren der Maler und Grafiker Paul Klee. Sein *Pädagogisches Skizzenbuch* ist eine Sammlung wissenschaftlicher Darstellungen mit den Augen eines Künstlers gesehen.

Dass Bilder die bessere Nachricht direkt in den Kopf sind, kennen wir nicht nur aus dem Straßenverkehr. Die Infografik wurde Mitte der 1990er Jahre in den Nachrichtenmagazinen populär; mit der massiven Zunahme von Daten wird auch in der Wissenschaft die so genannte Visualisierung immer wichtiger, weil nicht mehr ein paar wenige Zahlen in einer Tabelle dargestellt werden, sondern Millionen Rechenergebnisse für das Gehirn greifbar gemacht werden müssen. Das Faktenbuch *Auf einen Blick* von Draught Associates ist ein wundervolles Beispiel, wie fantastisch trockene Fakten in Bilder verwandelt werden können. Mittlerweile gilt *Information Art* als neue Richtung in der Kunst.

Als perfekte Fachbücher kann die Reihe *So geht das!* bezeichnet werden: Alle Anleitungen darin sind gehirngerecht mit mehr Illustrationen als Text aufbereitet. Wenn der Kopf es lieben soll, dann gilt: *Ein Bild sagt mehr als tausend Worte!* Der Ausspruch stammt übrigens von Fred R. Barnard, der ihn in einer Zeitschrift der Werbebranche als chinesisches Sprichwort bezeichnete, damit die Leute ihn ernst nehmen.

Experiment

Das fotografische Gedächtnis ist und bleibt eine Legende. Aber: Jeder Mensch ist in der Lage, in Bildern zu denken und Massen davon zuverlässig und ewig im Hirn einzulagern! Erinnern Sie sich an besondere Ereignisse in Ihrer Kindheit? An einen Geburtstag, andere wichtige Familienfeiern oder einen besonders schönen Urlaub? Kein Problem, oder? Gehen wir noch ein Stück weiter und lassen unseren Kopf Bilder malen, die niemals existiert haben: Setzen Sie Ihrem Chef Hörner auf (erzählen Sie ihm nur nicht davon). Treten Sie aus sich heraus und schauen Sie sich selbst beim Lesen dieses Buches zu. Damit wäre kurz, knapp und wasserdicht bewiesen, dass auch Sie in Bildern denken können. Um genau zu sein, ist das eine der größten Stärken des Gehirns. Unsere Vorstellungskraft und Fantasie sind die besten Mittel, um herausragend zu merken. Leider lernen wir viel zu selten, in Bildern zu denken, weil das verträumt und schwärmerisch zu sein scheint.

Experiment

Der Psychologe Hermann Ebbinghaus lernte jahrelang zufällige Buchstabenfolgen auswendig. Bis ihm auffiel, dass Folgen, die sinnvoll zu sein schienen, einfacher zu merken waren als zusammenhangfreies Kauderwelsch. Probieren Sie es aus und versuchen Sie, diese beiden Folgen zu merken:

- JWC FDZ GHI WGR DEG VFG DSS KGG
- ALE VGL SND SHN DAH ALL VÖG ALE

Auflösung

Logisch oder? Die etwas verkürzte Version des bekanntesten deutschen Frühlingsliedes in der zweiten Reihe ist viel leichter zu merken als eine zufällige (und damit sinnlose) Reihenfolge von Buchstaben – und das würde sogar funktionieren, wenn Sie nicht den Hinweis auf das Volkslied bekommen hätten. Spendieren Sie der oberen Buchstabenreihe ein paar mehr Minuten Ihrer Aufmerksamkeit und schauen Sie genau hin, ob nicht doch das eine oder andere Bild vor Ihrem inneren Auge auftaucht und das Merken erleichtert.

Aber lassen Sie uns systematisch und in gemütlich-ausführlichem Tempo in die Welt des Denkens in Bildern einsteigen!

Aufgabe

Diese Aufgabe ist frei aus dem Blumenstrauß der Allgemeinbildung herausgegriffen: Merken Sie sich das Datum der ersten Mondlandung mit Hilfe eines Bildes! Verwandeln Sie den 21. Juli 1969 in eine bunt-brillante Vorstellung in Ihrem Kopf, damit Sie sich diesen Tag immer und ewig merken.

Bevor Sie sich mit den Augen auf die Lösung unten stürzen, kehren Sie den Blick für einen Moment nach innen. Betrachten Sie in aller Ruhe das Datum und experimentieren Sie in Gedanken ein wenig mit den Zahlen. Was fällt Ihnen auf, was fällt Ihnen ein? Es geht nicht darum, ob Sie jemanden kennen, der an diesem Tag Geburtstag hat, sondern es können auch ganz andere (und viel abwegigere) Assoziationen sein.

Auflösung

Merken Sie unbedingt praktisch – weniger ist immer mehr: Die Mondlandung hat ohne Zweifel im 20. Jahrhundert stattgefunden, also sparen Sie sich beim Verbildern des Jahres die ersten beiden Ziffern. Für die 69 sehen Sie die Verwandlung der Ziffern in ein Bild. Die Astronauten sind zuerst von der Erde *hoch* zum Mond geflogen und dann wieder vom Mond *runter* auf die Erde – zwei Kreise im Kopf mit den Pfeilen für die jeweilige Richtung daran ergibt eine klar erkennbare 69.

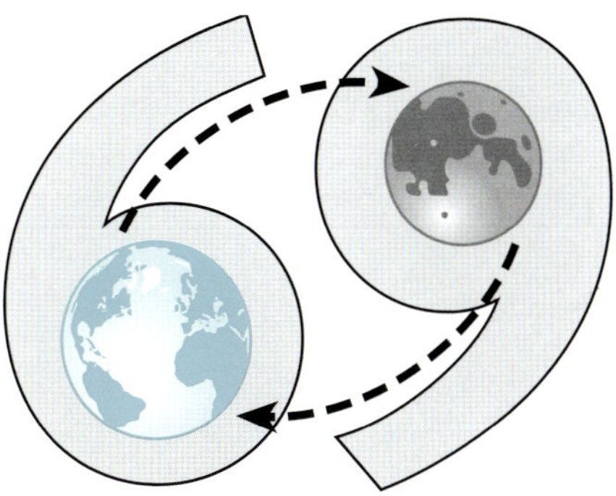

Es geht noch weiter: Die 21 verwandelt sich in die Astronauten. *Zwei* sind auf dem Mond spazieren gegangen, während *einer* in der Raumfähre auf die anderen warten musste. Die beiden schauen von der Oberfläche des Monds nach oben und winken Ihrem Kollegen zu, damit Sie die Ziffern nicht verdrehen. Also erst die 2, dann die 1. Danach wandert Ihr Blick zur Mondfähre, die – mit ein wenig Fantasie – so ähnlich aussieht wie die Ziffer 7. Wenn Ihnen dieses Bild nicht zusagt, können Sie sich auch vorstellen, dass die beiden vor Freude *jubeln*, was so ähnlich klingt, wie der Monat Juli.

Bauen wir das Bild weiter aus! Wissen Sie, welche der 17 Missionen des Apollo-Programms die ersten Menschen zum Mond flog? Schauen Sie sich das nächste Bild an: Es war Nummer 11. Die beiden *L* in *ApoLLo* symbolisieren die kräftig brennenden Raketentriebwerke. Wenn Sie das nächste Mal eine Mondrakete sehen, sollten Sie die Zahl 11 unter den Triebwerken erkennen.

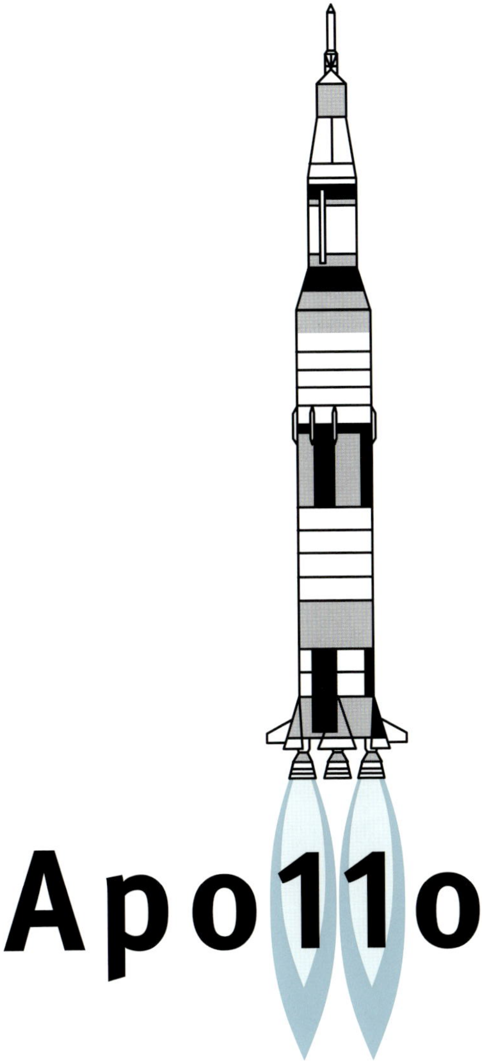

Um Ihrer Bildung rasch eine weitere Apollo-Mission einzupflanzen: Bei welcher Fahrt ging so ziemlich alles schief, was schiefgehen konnte? Bei Nummer 13 natürlich! So einfach kann merken sein.

Weiterführende Übung

Solche geistigen Szenen können beliebig ausgebaut werden. Ergänzen Sie Ihr ganz persönliches Bild vom Mond um weitere Fakten, zum Beispiel um die Namen der drei Astronauten:

- **Neil Armstrong** (Kommandant)
- **Edwin „Buzz“ Aldrin** (Pilot der Mondfähre)
- **Michael Collins** (Pilot der Kommandozentrale)

Durch komplexere Informationen arbeiten Sie sich am besten in Schichten: Zuerst absichern, dass es drei Männer waren, die in der Rakete gesessen haben (das ist bereits im Bild mit dem Datum erkennbar). Dann suchen Sie eine grafische Übersetzung für die Nachnamen und anschließend für die Vornamen. Das hat auch Vorteile beim Erinnern, denn Sie haben auf jeden Fall die Nachnamen der Astronauten parat, falls Ihnen die Vornamen doch entfallen sollten – und vielleicht gibt sich der Lehrer auch mit der etwas reduzierten Antwort zufrieden.

Ist das tatsächlich gutes und richtiges Lernen? Das soll leichter sein als herkömmliches Büffeln und Pauken? Für ernsthafte Lerner erscheint diese Methode auf den ersten Gedanken lächerlich und aufwändig. Aber beim Lesen und Anstarren von Text wird kein Sinn richtig genutzt. Das Auge ist nur Transportmittel von Strichbildern ins Gehirn und die anderen Sinne haben totale Pause.

Das Verbildern von Informationen besitzt einige unschlagbare Vorteile:

- Diese Art zu lernen macht dem Kopf **mehr Spaß als Wiederholen** und Text-Anstarren.
- Erinnern Sie sich zurück auf den Mond: **So zu lernen, ist völlig anders** als das, was sonst unter Lernen verstanden wird.

- **Wiederholen ist unnötig** – sofern Sie richtig gute Bilder für die Fakten gefunden haben.
- Sie machen **weniger oder gar keine Fehler**, sofern Sie präzise Bilder malen. Auch bei allen anderen Merktechniken ist die Quote der geistigen Ausfälle extrem gering. Das liegt daran, dass der Kopf auch mit einem komplexen Bild besser umgehen kann als mit einer endlosen Liste langweiliger Fakten.
- Angenehmer Nebeneffekt: **Sie aktivieren und fördern Ihre Fantasie und Vorstellungskraft** – eine in unserer eher rationalen Kultur oft eingerostete Fähigkeit des Kopfes.

Manchmal wird kritisiert, dass es mit dieser Methode zwar möglich sei, vereinzelte Fakten so zu merken, aber keine komplexen Informationen. Das Verbildern lässt sich mit anderen Merktechniken kombinieren und dem Denken sind dann keine Grenzen mehr gesetzt, wie Sie ein wenig weiter hinten im Buch lesen und selbst erfahren werden.

Weiterführende Übung

Trainieren Sie, in Bildern zu denken. Nehmen Sie sich als Übungsobjekte alles vor, was Sie bisher nicht wussten. Trainieren Sie vor allem mit möglichst unterschiedlichen Arten von Informationen. Zum Beispiel: Den Unterschied zwischen *Kamel* und *Dromedar* können Sie verbildern, indem Sie die Anfangsbuchstaben der beiden Wörter in die Höcker der Tiere verwandeln (im Englischen noch leichter, weil das Kamel dort *Bactrian Camel* heißt und das Dromedar *Dromedary Camel*). Sie ahnen, welches Tier wie viele Höcker hat?

Zum Schluss ein paar mehr Fakten zur Geschichte der Raumfahrt, damit Sie Ihr Weltraumwissen erweitern können.

1957	Sputnik 1 wird als erster Satellit ins All geschossen.
1958	Explorer 1 ist der erste US-Satellit im Weltraum.
1959	Luna 2 ist die erste Sonde, die es bis zum Mond schafft, und Luna 3 fotografiert die Rückseite des Trabanten.
1961	Juri Gagarin ist der erste Mensch im Weltraum. Transportmittel ist Wostok 1.
1963	Walentina Tereschkowa ist die erste Frau im Weltraum. Sie umkreist mit Wostok 6 insgesamt 48-mal die Erde.
1964	Erste Nahaufnahmen vom Mond durch Ranger 7.
1965	Alexei A. Leonow ist der erste Mensch, der mit einem Raumanzug im All spazieren geht.
1966	Surveyor 1 schafft die erste (allerdings unbemannte) Landung auf dem Mond.
1968	Die russische Zond 5 umkreist als erstes Raumschiff den Mond und kehrt erfolgreich zur Erde zurück.
1968	In Apollo 8 umkreisen die ersten Menschen den Mond.

Starke Kopf-Gemälde

„Wenn es nur eine Wahrheit gäbe, könnte man nicht hundert Bilder über dasselbe Thema malen.“ *(Pablo Picasso)*

Experiment

Kopf in den Wolken: Schauen Sie sich mal wieder Wolken an – und zwar so lange, bis Ihre Fantasie Ihnen die wundervollen Bilder und Figuren darin zeigt!

Wie werden kopfgerechte Bilder zusammengebastelt? Diese Frage hängt vor allem von den Vorlieben Ihres Kopfes ab. Was bei dem einen gut funktioniert, rutscht bei dem anderen glatt durch. Grundsätzlich sollten Sie eigene Bilder verwenden und die Vorschläge von anderen höchstens als Inspiration oder zum Vergleich mit Ihren Vorstellungen nutzen. Manchmal ist es besser, die zweite Idee als Merkbild zu verwenden. Der Kopf neigt dazu, sich zu schnell mit einem mittelmäßigen Bild zufriedenzugeben.

Einem Prinzip sollten Sie grundsätzlich folgen: Denken Sie so außergewöhnlich wie möglich! Normale Vorstellungen werden gerne vergessen: Wenn Sie sich merken wollen, dass Sie weiße Farbe kaufen wollen, streichen Sie im Kopf keine Wand weiß an, sondern besser den Verkäufer im Baumarkt.

Übertreiben hilft: Wenn Sie Milch brauchen, dann schieben Sie das spontan gedachte Glas beiseite und schauen Sie nach unten, wie Sie knietief in Milch stehen. Milch überall: Sie sprudelt aus Ihren Taschen, läuft die Wände herunter, überflutet den Supermarkt und spätestens wenn die Kassiererin die Geld-Schublade öffnet, schießt eine Fontäne aus Milch heraus – also höchste Zeit, schnell zurück zum Kühlregal zu laufen.

Hier eine Liste, was Sie mit harten Fakten alles anstellen können, um sie weich zu klopfen:

- **Bewegen:** umstellen, Blickwinkel verändern, Bedeutung ändern, Zusammenhang verändern (machen Sie aus dem *D* in *Dromedar* den Rücken des Tieres mit *einem* Höcker).
- **Austauschen:** ersetzen, Lücken schaffen oder auffüllen (machen Sie zum Beispiel aus einem *Yin und Yang* ein Liebespärchen).
- **Kombinieren:** verknüpfen, integrieren, ergänzen, erweitern und anreichern (bauen Sie den *21. Juli* in eine Mondlandschaft ein).
- **Vereinfachen:** aus dem Zusammenhang nehmen, isolieren, Wesentliches hervorheben, Unnötiges entfernen, gruppieren (Sie werden mit Sicherheit sagen können, an welcher Stelle im *ABC* der Buchstabe *X* steht).
- **Vergleichen:** Muster finden, Regeln aufstellen oder entdecken, Ähnlichkeiten suchen, Zwillinge oder Verwandte finden (Erinnern Sie sich an die *Zahlenreihen* vom Anfang?).
- **Verzerren:** vergrößern oder verkleinern und kräftig übertreiben (Was wollten Sie im Supermarkt kaufen?).
- **Zerlegen:** Details oder Anekdoten finden, zerstören, durchleuchten (basteln Sie erst aus den Nachnamen und dann aus den Vornamen von Astronauten Ihre Denkbilder).
- **Verfremden:** ins Gegenteil verkehren, zweckentfremden (benutzen Sie Herbstlaub für die Farben des Google-Logos).

Kein Bild im Kopf? Statt in eher textlastigen Lexika zu recherchieren, machen Sie sich ein Bild von den Dingen, die Sie wissen wollen. Eine Empfehlung im Internet ist http://www.bildwoerterbuch.com. Auch die Bild-Suchfunktionen der großen Suchmaschinen helfen Ihrer fotografischen Vorstellung auf die Sprünge (zum Beispiel bei Google unter http://images.google.de oder bei Bing unter http://www.bing.com/images).

Link

Wissen konstruieren: Denk-Autobahnen für Renn-Esel

Aufgabe

Welche Eselsbrücken kennen Sie? Und denken Sie ein paar Minuten darüber nach, warum Eselsbrücken funktionieren? Kleiner Anstoß gefällig: Drei, drei, drei … Oder: Wer *nämlich* mit *h* schreibt, ist …

Wissen lässt sich – sehr unwissenschaftlich – in zwei Lager teilen: Verstehenwissen und Faktenwissen. Wenn Sie einmal verstanden haben, wie ein Computer funktioniert, dann werden Sie sich das sehr lange merken und jederzeit *re-konstruieren* können.

Experiment

Fahren Sie im Kopf zu Ihrem besten Freund oder kochen Sie Chili con Carne oder überlegen Sie, wie ein Otto-Motor funktioniert, oder stricken und häkeln Sie. Sich an solche Dinge zu erinnern, ist die *Rekonstruktion* von Wissen!

Leider gibt es eine ganze Menge Informationen, die sich dagegen wehren, verstanden zu werden: Telefonnummern und Geburtstage haben keine logische Verbindung zu den Personen, auf die sie sich beziehen. Ohne übersinnlich-astronomische Fähigkeiten werden Sie einem Menschen nicht ansehen, an welchem Tag er geboren wurde – das ist das so genannte Faktenwissen.

Die klassische Eselsbrücke verwandelt Informationen vom sinnlosen Faktenwissen in greifbares Verstehenwissen. So können auch unlogische Informationen leicht gemerkt werden, indem der Kopf einen Bezug *konstruiert*, der eigentlich gar nicht vorhanden ist. Das ist eine unschlagbar gute Merktechnik.

Dabei besteht das Lernen nur aus dem Ausdenken einer guten Eselsbrücke. Hier ein Beispiel, das gar nichts mit Optik zu tun hat: *Ist das*

Mädchen brav, bleibt Ihr Bauch konkav. Hat Sie zu viel Sex, wird Ihr Bauch konvex. Und bevor Sie sich wundern, warum an dieser Stelle wieder ein anrüchiges Merkbild benutzt wird: Das so genannte Sex-Gedächtnis ist der vorstellungs- und merkstärkste Teil des Gehirns.

Leider sind wir nicht routiniert im Erfinden von Eselsbrücken. Zwar zitieren Lehrer hin und wieder einen altbekannten Merkspruch, aber das Selbst-Ausdenken dieser genialen Merkhilfen wird in der Schule viel zu selten trainiert und gefördert. Machen Sie sich die kreative und spannende Mühe und verwandeln Sie das Lernen damit in Denk-Leistungssport. Dem Kopf macht es mehr Freude, eine richtig gute Eselsbrücke auszuknobeln statt zu büffeln!

Sinn drin?!

Viele Fakten haben einen Sinn – nur kennen wir ihn nicht. Erinnern Sie sich an die Striche auf der Flagge von Südkorea? Erinnern Sie sich auch noch daran, was sie bedeuten? Es lohnt sich, das Lexikon aufzuschlagen oder Wikipedia zu aktivieren, statt uns mit Unbekanntem herumzuquälen. Jede Flagge der Welt hat einen Sinn. Die meisten Fremdwörter entspringen einer anderen Sprache. Und auch Namen haben eine Bedeutung. So stammen sehr viele Nachnamen von Berufen ab, die heute zwar nichts mit den Personen zu tun haben, aber sich wunderbar zum Merken durch geschicktes Verbinden benutzen lassen.

Aufgabe

Suchen Sie gute Eselsbrücken für folgende Fakten:

- 1861 stellte der Physiker und Lehrer Philipp Reis das Telefon vor. Der erste übermittelte Satz war: *Das Pferd frisst keinen Gurkensalat.* (Und wenn Sie es besser wissen wollen: Es ist richtig, dass heute noch sieben Personen als Erfinder des Telefons diskutiert werden.)
- Der *Bang Na Expressway* (offizieller Name: *Burapha Withi Expressway*) ist mit 54 Kilometern die längste Brücke der Welt, die allerdings

kein Gewässer überbrückt, sondern eine sechsspurige Hoch-Autobahn in Bangkok ist.

- Das erste Fernrohr (Galileisches Fernrohr oder Holländisches Fernrohr genannt) wurde von Hans Lipperhey, einem holländischer Brillenmacher, 1608 erfunden und vom Universalgelehrten Galileo Galilei weiterentwickelt.
- Die seltenste Substanz der Erde heißt *Astat*. Im Gegensatz zu Gold, von dem pro Jahr etwa 2600 Tonnen gewonnen werden, wird das natürliche Vorkommen von *Astat* insgesamt auf etwa 25 bis 50 Gramm geschätzt.

Tipp

Hier die Typen von Eselsbrücken im Überblick (als Ergänzung zur Liste im Kapitel *Starke Kopf-Gemälde*). Gehen Sie diese Liste immer dann durch, wenn Fakten sich weigern, zur Brücke zu werden, und probieren Sie, welche Methode auf welche Fakten anwendbar ist:

- **Reime** sind die Klassiker unter den Eselsbrücken: 333 bei Issos Keilerei. If and will is a kill. Bei Cirren kann man sich irren (Cirruswolken sind nicht unbedingt ein Anzeichen für Regen). Und zum Ursprung der Donau: Brigach und Breg bringen die Donau zuweg.

HOMES: Merkhilfe für die fünf großen Seen der USA

- **Akronyme:** Abkürzungen, die als Hinweis auf eine Reihe von Fakten dienen. Ein Beispiel aus der amerikanischen Geographie ist der Begriff *HOMES* als Merkhilfe für die fünf großen Seen der USA oder auch der Satz *Oma macht heute einen nassen Obstkuchen* für Oberen See, Michigansee, Huronsee, Eriesee, Niagarafälle und Ontariosee. Eine verrückte Brücke ist die Merkhilfe für die sieben Weltwunder der Antike: *Test Leuchtkopy, Gartenmaus,* was sich auffächern lässt in *TE*mpel der Artemis in Ephesos, *ST*atue des Zeus in Olympia, *LEUCHT*turm von Pharos in Alexandria, *KO*loss von Rhodos, die *PY*ramiden von Gizeh, *GARTEN* der Semiramis und das *MAUS*oleum in Halikarnassos. Und für Hypochonder und Medizinstudenten gibt es die *ABCDE*-Regel zum Bestimmen bösartiger Melanome: Asymmetrie, Begrenzung, Farbe (Color), Durchmesser, Erhabenheit. Fragen Sie Ihren Hautarzt. Sicher kennt er diesen Lernkniff!
- **Backronyme:** Die Umkehrung der Abkürzung als die ausführlich gemachte Version eigentlich knapper Fakten. Für die römischen Zahlen: *Lass Caesar das machen* (L = 50, C = 100, D = 500 und M = 1000). Der Klassiker ist die Stimmung einer Gitarre: *Eine alte Dame geht Heringe einkaufen* (E, A, D, G, H, E). Kleine Übung dazu: Suchen Sie mindestens drei weitere halbwegs sinnvolle Sätze, die auf diese Buchstabenfolge passen.
- **Ähnlichkeiten und Auffälligkeiten:** SteueRbord ist rechts auf dem Schiff. Oder zur Übersetzung und Schreibweise von *déjà*: Über *schon* wird ein *Dach* gebaut. Sehen Sie das?
- **Witze:** Für den Unterschied zwischen Taiga und Tundra: *Taiga Woods* (ähnlich dem Golfer *Tiger Woods*), wobei das englische *Wood* ein Hinweis auf die Nadelwälder in der Taiga ist, während die Tundra im Gegensatz dazu eher unbewachsen ist.
- **Anekdoten:** Sind zwar keine echten Eselsbrücken, aber helfen beim Merken: Hinter der Marke *Apple Computer* steckt die Apfelsorte *Macintosh* (den gleichen Namen tragen die Compu-

ter der Firma). Und noch eine Eselsbrücke als Ergänzung: Die Firma *Apple Records* ist *älter* als die Computerfirma, deswegen ist die Sorte *Granny Smith* auf die Schallplatten der Beatles geklebt: *Granny* ist die Kurzform des englischen *Grandma* (Oma, die *älter* ist als die Apfel-Rechenmaschinen).

Auflösung

Haben Sie alle Fakten erfolgreich übersetzen können? Hier ein paar Hilfen zum Bauen guter Brücken für die Fakten von oben: Ein *Ästhet* (und Feinschmecker) isst am liebsten das seltene *Astat* und begeht damit eine (Straf-)*Tat*. In Bangkok ist durch den Bang Na alles *nah* – also besser zu erreichen. Sechs, fünf, vier – und Sie wissen die Anzahl der Spuren und die Länge der Brücke (6 Spuren, 54 Kilometer). Das Fernrohr funktioniert, indem mit einem Auge (1) zuerst durch eine kleine Linse (6) und dann durch eine große Linse (0) in die Unendlichkeit schaut (8; Symbol dafür ist die so genannte *Lemniskate*, auch liegende Acht genannt). Schwachpunkt dieser Merkhilfe könnte die Verwechslungsgefahr der 6 mit der 9 sein, aber Sie denken sicher nicht, das Teleskop wurde 1908 erfunden. Logisch, oder? Zu guter Letzt ein Rat zur Tierpflege: Wenn das Pferd keinen Gurkensalat isst, dann legen Sie ihm *viel Reis* auf die *Lippe* (ein Hinweis auf den Erfinder Philipp Reis).

Mit harten Nüssen werfen: Kreativität fördern und fordern

Ebbe im Hirn? Vielen Menschen fällt manchmal auch auf den zweiten Blick kein Bild zu bestimmten Fakten ein. Trainieren Sie das Verwandeln von Informationen in Bilder und Eselsbrücken mit richtig harten Nüssen, dann gewöhnt sich Ihr Kopf schnell daran, auch bei extrem abstrakten Informationen richtig gute Bilder zu produzieren.

Viele Menschen geben sich sofort mit der erstbesten Lösung zufrieden. Deswegen ist es eine gute Übung, immer etwas länger als nötig mit Fakten zu experimentieren. Über wie viele Brücken können Sie gehen? Suchen Sie zu den Fakten oben mindestens eine weitere Eselsbrücke.

Weiterführende Übung

Mehr? Suchen Sie eine Eselsbrücke für die Inselnamen von Hawaii.

Backronyme können Sie hervorragend mit dieser Übung trainieren.

Abkürzungen sind außerdem gut, um das Hirn zu aktivieren: Finden Sie Wörter, die alle Vokale (a, e, i, o, u) in der richtigen Reihenfolge enthalten. Ein paar Lösungswörter sind: Adjektivkonstrukt, Apfelbiomus, Arbeitsordnung, Frankreichtour, Hackentricktorschuss, Halbfertigprodukt, Langzeittour, Lateinforum, Magermilchjoghurt, Markendiscount und Wasserskisportclub. Finden Sie mehr?!

Weiterführende Übung

Link

Basteln Sie *Pangramme*, also Sätze, die alle Buchstaben des Alphabets enthalten – je kürzer, desto genialer (*Franz jagt im komplett verwahrlosten Taxi quer durch Bayern*).
Weitere Beispiele unter http://www.humboldt.de/url/48115.

Beispiele Pangramme

Eine Eselsbrücke zu den Planeten unseres Sonnensystems kennen Sie wahrscheinlich: *Mein Vater erklärt mir* ... Denken Sie sich ein paar mehr aus. Und bauen Sie auch Brücken für die Monde jedes Planeten unseres Sonnensystems (beim Mars mit *Phobos* und *Deimos* einfach zu merken, aber die 27 Monde des Uranus können Sie sich für eine andere Merktechnik später aufheben).

Über sieben Farben gehen: Nehmen Sie die Farben des Regenbogens und machen eine schöne (geschwungene) Brücke daraus. Oder zwei. Oder drei ... Hier sind die Farben in der richtigen Reihenfolge von oben nach unten:

- rot
- orange
- gelb
- grün
- blau
- indigo
- violett

Auflösung

Nur ein kleiner Hinweis: Ersetzen Sie die Farben gegen andere Begriffe mit den gleichen Anfangsbuchstaben und bauen Sie daraus einen bildschönen Merksatz zusammen.

Teile und merke! – Weitersagen
Würden Sie jemandem erzählen, mit was für verrückten Bildern Sie sich das alles merken? Gespräche über diese Art zu merken mögen ungewöhnlich erscheinen. Man gibt schließlich etwas sehr Privates von sich. Allerdings ist meine Erfahrung, dass gerade die Diskussion der Merkbilder in den Trainings sehr inspirierend sein kann. Sollten Sie also eine Person ins Vertrauen ziehen, dann sprechen Sie so viel wie möglich über gute (und schlechte) Merkbilder und auch über sperrige Fakten, die sich nicht verwandeln lassen wollen!

Knoten im Kopf

„Betrachte einmal die Dinge von einer anderen Seite, als du sie bisher sahst; denn das heißt neues Leben beginnen."
(Mark Aurel)

Eine oder zwei Fakten in eine Eselsbrücke zu verpacken, ist einfach. Aber was ist mit komplexeren Informationen? Steigern Sie Ihre Merkleistung mit einer kleinen Erweiterung der bisher gelernten Technik: Verbinden und verschachteln Sie die ausgedachten Bilder. Bauen Sie größere Strukturen und Sie werden die zu merkenden Mengen in wenigen Minuten deutlich vergrößern.

Aufgabe

Die Herausforderung in diesem Kapitel: Merken Sie sich die 13 Gründerstaaten der USA:

- Rhode Island
- North Carolina
- South Carolina
- Maryland
- Virginia
- Georgia
- Connecticut
- Delaware
- Pennsylvania
- Massachusetts
- New Hampshire
- New York
- New Jersey

Das Gehirn rollt Wissen wie Schnee zu immer größeren Kugeln zusammen. Selbst die vagesten Vorstellungen von einem Thema können genutzt werden, um alle weiteren Fakten darin einzubauen. Dabei sind die Denkwege des Kopfes nicht unbedingt nachvollziehbar: Das Hirn kommt auf Ideen, über die wir gelegentlich selbst staunen. Die verrücktesten Ideen entstehen durch die Fähigkeit des Kopfes, Dinge miteinander zu verknüpfen, die logisch betrachtet nichts miteinander zu tun haben. Das können wir nutzen, um noch besser zu merken.

Experiment

Denken Sie bitte jetzt an eine Katze, die in ein Bierglas springt! Wie Sie sehen, kann Ihr Kopf jeden beliebigen Begriff mit einem anderen verbinden. Und bitte nicht grübeln: Dieses Bild enthält ausnahmsweise kein verborgenes Wissen. Aber Sie können sich vorstellen, dass Polizeiautos mit Blaulicht in der Nacht an Ampeln anhalten müssen – das ist das Merkbild für die Farben der Ringe auf der Olympischen Flagge (von oben links nach unten rechts gelesen): *Blau*(licht), *schwarz* wie die Nacht und dann *rot*, *gelb*, *grün* für die Ampel. Fertig! Schauen Sie sich bei Gelegenheit die Olympische Flagge noch einmal genau an, damit Sie diese auch präzise aufzeichnen können.

Link

Köpfe können komisch knoten – und so bereits eine Menge behalten. Das einzige, was Sie brauchen, um so zu denken, ist Fantasie. Schauen Sie sich dieses Experiment aus dem Buch *Einfach. Alles. Merken.* bei YouTube im Internet an: http://www.humboldt.de/url/48116.

Doppelt merkt besser!

Aufgabe

Zwischenübung: Merken Sie sich die fünf Gletscher in Deutschland:

- Nördlicher Schneeferner
- Südlicher Schneeferner
- Höllentalferner
- Watzmanngletscher
- Blaueisgletscher

Kleiner Hinweis am Rande: *Ferner* bedeutet im Süddeutschen und in Österreich *Gletscher*. Bevor Sie weiterdenken: Finden Sie auch dafür eine passende Eselsbrücke!

Eine Hilfe, um längere Listen von Informationen zu merken, besteht darin, dass Sie sich zuerst ein geeignetes, etwas größeres Bild suchen, in das die Fakten eingebaut werden. Für das eisige Beispiel oben bietet sich der Watzmann im Berchtesgadener Land an. Stellen Sie sich einen Moment den Berg vor und prüfen Sie, ob Sie in diese Vorstellung die anderen vier Gletscher einbauen können. Je nach Menge – und die Gründerstaaten der USA sind bereits *viele* Informationen – sollten Sie die Fakten nicht wahllos im Bild verteilen, sondern Gruppen bilden und durch das geschickte Verbinden eine Landschaft aufbauen, durch die Sie vor Ihrem inneren Auge spazieren können (ohne etwas Gemerktes zu übersehen).

Auflösung

Stellen Sie sich den *Watzmann* vielleicht als eine kristallklare Spitze aus gefrorenem Wasser vor. Auf dem Gipfel steht eine Gruppe Wanderer, die alle *blaues Eis* lutschen (Hinweis auf Gletscher Nummer fünf in der Liste). Außerdem schneit es im *Norden* und im *Süden* des Berges auf die *Bayern* herunter (die mit Dialekt sprechenden Bayern sind ein Hinweis darauf, dass Sie den *Gletscher* gegen den *Ferner* ersetzen). Und die Bayern ärgern sich so über das schlechte Wetter, dass sie *höllisch* laut ins *Tal* brüllen (natürlich wieder auf Bayerisch), so ist auch der *Höllentalferner* mit ins Bild ge(d)rückt.

Wenn Sie mit Ihrer mentalen Komposition zufrieden sind, probieren Sie in Ruhe aus, ob alle Informationen sicher verankert sind. Wenn Ihnen etwas durchfällt, gehen Sie sofort zurück auf Los und denken sich ein neues, stärkeres Bild aus. Auch wenn das mühsam erscheint: Je besser das Bild, desto zuverlässiger Ihre Erinnerung. So sparen Sie sich Frust und Wiederholungen.

Tipp

Hier ein paar zusätzliche Tipps, wie Sie zum Picasso der Merkbilder werden:

- **Gleichmäßig verteilen:** Bilden Sie ähnlich große Gruppen von Fakten und verteilen Sie diese gleichmäßig über das gesamte Bild (es macht wenig Sinn, zehn Fakten in eine Ecke zu quetschen).
- **Vorstellbarer Bezug:** Auf keinen Fall sachlich oder logisch vorgehen, sondern extrem, lustig und so bunt wie möglich. Grau ist der Alltag, aber nicht die Fantasie in Ihrem Kopf!
- **Sichtbare Beziehungen:** Um zusammenhängende Informationen wiederzufinden, sollten Sie sich von einem Begriff zum nächsten hangeln. Die Bayern im oberen Bild sind zunächst der Hinweis auf den Ferner, erst dann rufen sie vor Ärger in das nächste Gletscherbild hinein. Ihr Gehirn marschiert wie von selbst durch diese Szene.
- **Beidseitige Verbindung:** Gerade beim Lernen von Vokabeln wird oft vergessen, dass Begriff und Bedeutung nicht nur in eine Richtung gelernt werden sollten. Prüfen Sie unbedingt, ob Ihre Vorstellung in beide Richtungen funktioniert. Kommen Sie aus dem Höllental wieder zurück auf den Gipfel? Wenn ja, dann ist das ein klares Anzeichen für ein sehr gutes Merkbild.

Auflösung

Die 13 Namen der amerikanischen Staaten sind eindeutig zu viel für einen kurzen Merksatz; sie sollten auf drei oder vier Unterbilder verteilt werden, damit die Menge der Informationen einfacher zu verarbeiten ist. Beim Durchsehen der Liste fällt *Rhode Island* auf. Eine gute Inspiration, um das Bild auf einer *roten Insel* zu platzieren. Wie beim Gletscher-Merkbild gibt es auf der Liste der Staaten zwei Namen mit Himmelsrichtungen: North und South Carolina sind Hinweise darauf, dass im Norden und im Süden der Insel eine Karoline wohnt oder die Karolinger oder Menschen, die T-Shirts tragen, auf die rote Karos genäht sind (weil sie auf einer roten Insel wohnen). So haben Sie bereits drei Staaten erledigt.

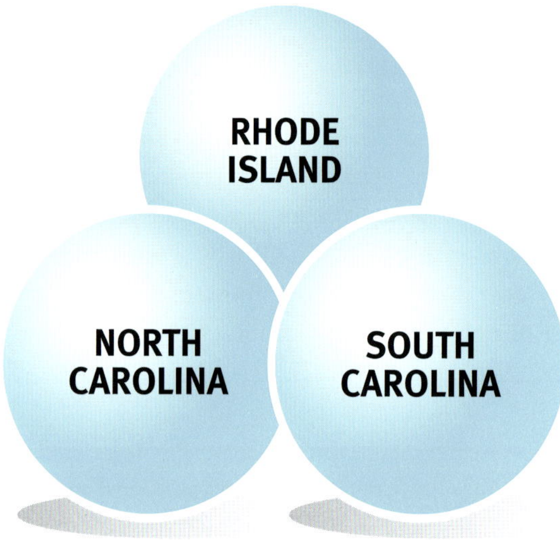

Wer lebt außerdem auf der Insel? Die Liste bietet zwei Vornamen an: Mary (für Maryland) und Georg (für Georgia) wohnen zwischen den vielen Karo-Trägern. Um die Vorstellung von dem Pärchen für das Merken weiter auszunutzen, weisen wir beiden Eigenschaften zu: Mary ist Jungfrau (Englisch *virgin*, also Virginia) und Georg versucht, eine Beziehung zu Ihr aufzubauen (Englisch *connection*, also Connecticut). Was tut Georg, um seiner Traumfrau zu imponieren? Er schenkt ihr *neue* Dinge (Englisch *new*, als Hinweis auf drei weitere Staaten), und zwar: einen Hund mit Mantel, der einen Hampelmann im Maul hat. Konkret: einen Yorkshire Terrier (*New York*) in einem Hundemantel aus Jersey-Stoff (*New Jersey*) und das Zappelgerät als Hinweis auf *New Hampshire*.

Zehn Staaten haben Sie in dieser kompakten Vorstellung bereits verpackt. Und weil Mary und Georg nun glücklich zusammen sind und so viele neue Dinge haben, können Sie *massenhaft* alte *Ware* (mit *Dellen*) für wenige *Silber-Pennies* verkaufen. Klar, oder?

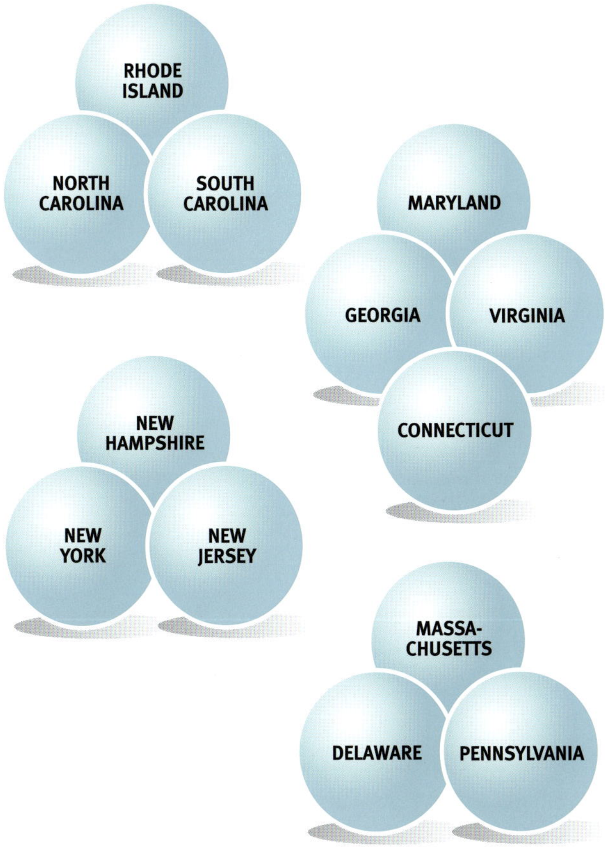

Tipp

Ergänzung bei komplexen Bildern: Vor lauter Denkvergnügen im Detail verliert der Kopf manchmal gerne den Blick für das Gesamtbild. Wenn Sie größere Pakete merken, sollten Sie unbedingt die Anzahl der gemerkten Elemente mit in das Bild einbauen. Wie funktioniert das bei den Gründerstaaten? Ganz einfach: Zählen Sie die Zahl der Streifen auf der amerikanischen Flagge. Und merken Sie sich auch, welche Farbe der oberste Streifen hat. Sind es sechs oder sieben rote und weiße Linien? Schauen Sie einfach genau hin!

Wie merken? Zuerst einmal steht der Buchstabe R für rot vor dem *W* für weiß – also geht es der Reihe nach mit einem roten Streifen los. Wenn Sie sich die Flagge auf einem weißen Blatt Papier vorstellen, müssen die äußeren Balken rot sein, sonst fällt die Flagge aus dem Rahmen und steht ohne Rand da.

Weiterführende Übung

Hier noch eine Übung zum Verknoten von Fakten-Pärchen. Das ist auch eine gute Übung für Prüfungen, die häufig aus Frage-Antwort-Spielen bestehen. Lernen Sie, in verschiedenen Sprachen zu buchstabieren. Wenn Ihnen alle Buchstaben zu viel sind, denken Sie sich mindestens eine gute Methode aus und probieren Sie an drei bis vier Beispielen, ob die selbstausgedachte Merktechnik auch funktioniert.

	ICAO, NATO	**Französisch**	**Deutsch**	**Internationale Fernmeldeunion ITU**	**Italienisch**	**Spanisch**
A	Alfa	Anatole	Anton Ärger	Amsterdam	Ancona	Amalia
B	Bravo	Berthe	Berta	Baltimore	Bologna	Beatriz
C	Charlie	Célestin	Cäsar Charlotte	Casablanca	Como	Carmen
D	Delta	Désiré	Dora	Danemark	Domodossola	Domingo

	ICAO, NATO	Französisch	Deutsch	Internationale Fernmeldeunion ITU	Italienisch	Spanisch
E	Echo	Eugène Émile	Emil	Edison	Empoli	Enrique
F	Foxtrot	François	Friedrich	Florida	Firenze	Francisco
G	Golf	Gaston	Gustav	Gallipoli	Genova	Guatemala
H	Hotel	Henri	Heinrich	Havana	Hacca	Honduras
I	Indiana	Irma	Ida	Italia	Imola	Ida
J	Juliett	Joseph	Julius	Jerusalem	Jolly	José
K	Kilo	Kléber	Kaufmann	Kilogramme	Kappa	Kilo
L	Lima	Louis	Ludwig	Liverpool	Livorno	Lima Llave
M	Mike	Marcel	Martha	Madagaskar	Milano	México
N	November	Nicolas	Nordpol	New York	Napoli	Nicaragua Ñoño
O	Oscar	Oscar	Otto Ökonom	Oslo	Otranto	Olimpo
P	Papa	Pierre	Paula	Paris	Palermo	Pablo
Q	Québec	Quintal	Quelle	Québec	Quarto-miglio	Quito
R	Romeo	Raoul	Richard	Roma	Roma	Rafael
S	Sierra	Suzanne	Samuel Schule	Santiago	Savona	Santiago
T	Tango	Thérèse	Theodor	Tripoli	Torino	Teresa
U	Uniform	Ursule	Ulrich Übermut	Uppsala	Udine	Uruguay
V	Victor	Victor	Victor	Valencia	Venezia	Venezuela
W	Whiskey	William	Wilhelm	Washington	Wagner	Washington
X	Xray	Xavier	Xanthippe	Xanthippe	Xilofono	Xilófono
Y	Yankee	Yvonne	Ypsilon	Yokohama	York	Yucatán
Z	Zoulou	Zoé	Zeppelin	Zürich	Zara	Zorro

Wer nicht fragt …

„Betrachtungen von Natur und Körpern in ihrer einfachen Form
hemmen und schwächen den Verstand;
Betrachtungen aber von Natur und Körpern
in ihrem Zusammenklang und ihrem Zueinander
betäuben und verblüffen den Geist." *(Francis Bacon)*

Experiment

Was wissen Sie über die erste und einzige Premierministerin von Großbritannien oder über den Berg Fuji? Und wissen Sie, warum ein Deo wie eine Aufgabe aus dem Mathematikunterricht heißt?

Werden Sie neugierig! Vor allem, wenn Begriffe in Ihrem Kopf kein Bild erzeugen, wie vielleicht bei Astat. Ein schneller Blick ins Lexikon und aus einem eigenartigen Namen wird eine kleine Welt interessanter Vorstellungen, die sich das Gehirn leichter einprägen kann, während es nur den Begriff nach ein paar Minuten wieder vergessen hat.

Sammeln Sie merkwürdige und erzählenswerte Fakten, zum Beispiel über britische Politikerinnen: Margaret Thatcher war während ihres Chemiestudiums an der Entwicklung des Softeises beteiligt – auch wenn das zunächst einmal nicht wichtig erscheint, bleibt das besser im Kopf haften als ihre Amtszeit von 1979 bis 1990. Bauen Sie das Softeis in ihre wallende Frisur ein und dann setzen Sie Frau Thatcher eine *Kappe* auf, dass sie ganz *böse* schaut, weil ihre Softeis-Frisur von der Kappe zerdrückt wird. Was hat das mit ihrer Amtszeit zu tun? Einfach das Bild merken! Die Auflösung dazu finden Sie im Kapitel *Huhn plus Schi gleich Ufo*.

Link

Das CIA-World-Factbook ist eines der besten Lexika für Länder im Internet. Dort finden Sie massenhaft Hintergrundinformationen zu allen Ländern der Erde: https://www.cia.gov/library/publications/the-world-factbook/index.html und zu deren Ministern und Ministerinnen.

Auch wenn Softeis wenig mit britischer Politik zu tun hat, geben Ihnen solche einprägsamen Fakten die Möglichkeit, weiteres Wissen daran anzuknüpfen. In *Einfach. Alles. Merken.* gibt es eine Merkhilfe zwischen Madagaskar und der Hauptstadt Anatananarivo. Das Bindeglied zwischen den beiden Fakten ist das bekannte Lied *Wir lagen vor Madagaskar*. Auch wenn die Madagassen das Lied nicht kennen und es auch nichts mit der Geschichte der Insel zu tun hat, wird es von vielen Menschen mit Madagaskar assoziiert – und lässt sich damit zum Lernen benutzen.

Link

Wenn Sie wissen wollen, wie die Brücke zur Hauptstadt von Madagaskar aussieht, schauen Sie sich folgendes Video im Internet bei YouTube an: http://www.humboldt.de/url/48118 (dieses und viele andere Beispiele finden Sie auch auf der DVD zu *Einfach. Alles. Merken.*).

Merkhilfe Hauptstadt von Madagaskar

Tipp

Merkbilder, die Sie sich ausgedacht haben, sollten Sie nicht für immer und ewig unverändert in Ihrem Hirn festbrennen. Der Kopf ist durchaus in der Lage, Vorstellungen zu verändern. Und das können Sie positiv nutzen, indem Sie Ihr Wissen und Ihre Merkbilder kontinuierlich erweitern. Probieren Sie es aus und erweitern Sie die

Gründerstaaten-Insel um den Tag der Unabhängigkeitserklärung: Donnerstag, den 4. Juli 1776.

Aufgabe

Bekannt ist die Eselsbrücke für die Umstellung der Uhr auf Sommer- und Winterzeit: Im Sommer stellen wir die Gartenstühle *vor* das Haus und im Winter *zurück* ins Haus. Das kann erweitert werden, zum Beispiel um die jeweiligen Tage, an denen an der Uhr gedreht wird: Bauen Sie für den Anfang der Sommerzeit den *letzten Sonntag im März* und für das Ende der Sommerzeit den *letzten Sonntag im Oktober* mit in die Brücke ein.

Weiterführende Übung

Knacken Sie Abkürzungen und Markennamen – manche davon stecken voller lehrreicher Fakten: *Mitsubishi* ist zusammengesetzt aus den japanischen Wörtern *mitsu* und *bishi*, die *drei* und *Rauten* bedeuten. Schauen Sie sich die Bildmarke des Unternehmens an und Sie haben eine perfekte Merkhilfe für zwei japanische Vokabeln. Der Name des Bergs Fuji in Japan geht auf das Wort *Fuchi* der Ureinwohner Ainu zurück und heißt übersetzt *Feuer* – weil der Fuji eigentlich ein Vulkan ist (mit geringem Ausbruchsrisiko). Schwerer zu erkennen, aber spannend für den Chemieunterricht: Der Name des Deos 8x4. Die Firma Beiersdorf wollte das Mittel nicht den vollen Namen *Hexachlor-Dihidroxi-Diphenylmethan* geben. Die Lösung ist ungewöhnlich: Die 32 Buchstaben wurden in das Produkt von 8 *mal* 4 verwandelt.

Auch in Symbolen stecken Geschichten: Das Dollar-Zeichen ($) war ursprünglich die Kurzform *ps* für Pesos, was heute nur noch schwer zu erkennen ist. Das @-Zeichen wurde früher von Händlern für Preisangaben benutzt. Es stellt die grafische Verbindung von e und e dar und bedeutet *each at* (Englisch: jedes für/Stückpreis). Auf die Spitze hat es der amerikanische Autor Allan Metcalf getrieben und ein ganzes Buch über das Wort *ok* geschrieben. Und wenn

Sie Musikfreund sind: Kennen Sie Alice? Wer ist Suzanne? Michael Heatley hat den unbekannten Frauen in der Musik ein Buch mit dem Titel *Das Mädchen aus dem Song* gewidmet.

Link

Wenn Sie wissen wollen, was für eine Bedeutung hinter Markennamen steckt, schauen Sie im Internet unter http://www.humboldt.de/url/48119. Und finden Sie auch eine gute Eselsbrücke dafür, dass sich Namenskunde *Onomastik* nennt!

Markenlexikon

Auflösung

Haben Sie sich gemerkt, an welchem Tag Sie die Uhr das nächste Mal umstellen müssen? Sie stellen die Gartenstühle vor das Haus, damit Sie *endlich mehr Sonne* genießen können (Ende, März, Sonntag). Und bevor Sie die Stühle wieder zurück ins Haus räumen, müssen Sie die *letzte Socke* noch weglegen, die zum Trocknen auf den Stühlen lag (die Socke ist – mit ein wenig Fantasie – die akustische Kombination aus Sonntag und Oktober). Probieren Sie aus, ob Ihr Kopf diese Vorschläge merken kann. Wenn nicht, dann nicht einfach weiterlesen, sondern erst selbst eine bessere Lösung finden!

Weiterführende Übung

Achten Sie auch auf die kleinen Unterschiede und verhindern Sie mit guten Merkhilfen schwerwiegende Verwechslungen! Ein Buchstabe mit riesiger Wirkung: *Manet* und *Monet* sind bekannt, aber die Unterscheidung der Künstler hört schon beim Vornamen auf. Werden Sie zum Kunstkenner, so dass Sie beide Maler erkennen und zuverlässig unterscheiden können – und zwar nicht nur die Namen, sondern auch die Werke.

Link

Wenn Sie glauben, den Unterschied zwischen den Künstlern zu kennen, machen Sie den Test unter http://www.mentalfloss.com/quiz/quiz.php?q=954&p=1 (Englisch, aber auch ohne größere Fremdsprachenkenntnisse lösbar).

Fremdsprachen: Vokabeln vokabelieren

Sprachen sind der Lernliebling der Deutschen. Gleichzeitig ist das Büffeln von Vokabeln immer auf den ersten Plätzen bei den Horror-Erinnerungen an den Schulunterricht. Lassen Sie uns das Sprechen einer anderen Sprache in ein Rundum-Wohlfühl-Paket verwandeln und dem scheinbar lästigen Wörterlernen und Vokabelmerken den Schrecken nehmen.

Aufgabe

Verstehen Sie, was Ihr Arzt Ihnen sagt? Merken Sie sich die Bedeutung der folgenden medizinischen Anfangs- bzw. Endsilben. Damit begreifen Sie die (vordere oder hintere) Hälfte von dem, was der Doktor Ihnen erzählt.

- ana = auf
- dia = auseinander
- dys = falsch
- gnose = schauen
- hypo = zu wenig
- hyper = zu viel
- logie = Lehre von
- lyse = Lösung
- mnese = Erinnerung
- oligo = wenig
- para = daneben
- phrenie = Psyche betreffend
- thymie = Stimmung, Befindlichkeit
- ulcus = Geschwür
- itis = Entzündung

Solche Fakten sind schwer zu merken, weil Sie extrem knapp sind und wenige Haken und Ösen bieten, an die das Hirn weitere Informationen anheften kann. Das Gleiche gilt häufig auch für Vokabeln, die am Ende jedes Lehrbuches einsam und allein Ihrer Übersetzung gegenüberstehen.

Deshalb gibt es für Vokabeln eine spezielle Merktechnik, die genau dieses Problem effektiv behebt: Bei der *Schlüsselwortmethode* wird die Vokabel mit einem ähnlich klingenden Wort der Muttersprache verbunden und damit in ein lustiges Merkbild verwandelt.

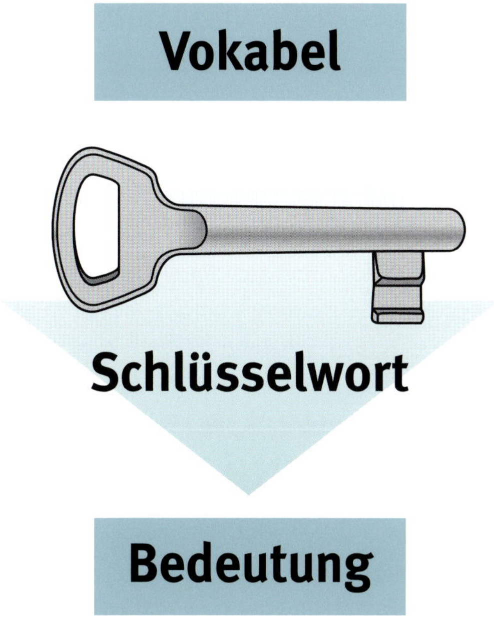

Aufgabe

Starten wir in den praktischen Einsatz dieser Technik! Hier ein paar Vokabeln in *Toki Pona*. Mit nur etwa 120 Wörtern ist das eine der einfachsten Sprachen der Welt (und mit genauso vielen Sprechern wahrscheinlich auch eine der seltensten):

- toki = hallo
- pona = danke, groß
- lon = ja, ich bin hier
- sijelo = Körper
- luka = Hand, Arm
- oko = Auge
- uta = Mund
- ala = null, nichts
- jelo = gelb
- ilo = Werkzeug, Gerät, Maschine

Die Schlüsselwortmethode ist seit den 1970er Jahren mehrfach wissenschaftlich untersucht worden. Die Ergebnisse sind voll und ganz überzeugend: Ausnahmslos konnten die Versuchspersonen gelernte Vokabeln überdurchschnittlich gut behalten und auch nach langer Zeit besser erinnern als die Vergleichsgruppe – und zwar in ganz unterschiedlichen Sprachen von Russisch bis Spanisch.

Auflösung

Bei dieser Merktechnik brauchen Sie nicht einmal lange überlegen. Wählen Sie ein Wort, das ähnlich wie die Vokabel klingt, und bauen Sie ein Bild, das Vokabel, Übersetzung und den Merkschlüssel enthält. Obwohl *jelo* (gelb) nichts mit einer *Jalousie* zu tun hat, stellen Sie sich einfach eine knallgelbe Raumverdunkelung vor. *Sijelo* klingt wie *Silo*, das die Form eines *Körpers* hat. *Lon* ähnelt sehr dem deutschen *Lohn* – und wir nicken kräftig mit dem Kopf und sagen *ja*, wenn wir unseren Lohn erhalten.

Die Schlüsselwörter oben haben in allen Fällen nichts mit der Vokabel oder ihrer Bedeutung zu tun. Trotzdem helfen sie beim Merken, denn wir finden den Bezug über den ähnlichen Klang. Damit erhöht sich die Chance, dass das Merkbild wieder aus dem inneren Archiv auftaucht. Diese Methode besitzt einen weiteren Vorteil: Sie lernen automatisch in beide Richtungen und können sich von jeder Seite an die gesuchten Vokabeln herandenken.

Tipp

Halten Sie sich auf keinen Fall stur und starr an einer Merktechnik fest, wenn Sie eine bessere Idee haben. *Oko* klingt wie *ok* und wir schauen uns dabei in die *Augen* und sind uns einig. Und die Buchstabenkombination sieht auch aus wie ein Augenpaar mit einer Nase dazwischen. Geben Sie immer der Lösung den Vorzug, die Ihrem Gehirn ab besten gefällt! Abwandeln, verändern und vor allem verbessern der Technik ist unbedingt und dringend erwünscht.

Link

Wenn Sie mehr über Toki Pona erfahren wollen, schauen Sie im Internet unter folgendem Link:
http://www.humboldt.de/url/48121 und http://www.humboldt.de/url/48122. Die restlichen Vokabeln finden Sie hier: http://www.humboldt.de/url/48123 und das passende Online-Lehrbuch unter http://www.humboldt.de/url/48124.

Toki Pona

Was ist Toki Pona?

Wörter Toki Pona

Die einfachste Sprache der Welt

Auflösung

Mit Hilfe der Liste vom Anfang dieses Kapitels können Sie tausende medizinischer Fachbegriffe zumindest grob einordnen. Die Wortteile können Sie auf zwei Arten bezwingen: entweder ganz klassisch mit Hilfe der Schlüsselwortmethode oder indem Sie die Worthälften zuerst um konkrete Beispiele erweitern und so die Vorstellung von den knappen Silben erweitern.

Dys erinnert an einen Dussel, der alles *falsch* macht. *Dia* entspricht der mittlerweile altmodischen Methode, ein Film-Positiv auf eine Fläche zu projizieren, dabei liegen Dia und Bild weit *auseinander*.

Die Suche nach vollständigen Begriffen und deren Bedeutung ist genauso effektiv: *Hypo* wird erweitert zur Hypothek. Wer *zu wenig* Geld hat, der belegt sein Grundstück mit einer Hypothek. *Ana*tomie bedeutet *Auf*-Schnitt. *Para*psychologie ist die Forschung *neben* der Seelenkunde. Oder etwas ungesunder: Duoden*alulcus* ist ein Zwölffingerdarm*geschwür*. Und Bio-*logie* die *Lehre* vom Leben (doppelt schlau: Lernen Sie gleich dazu, dass *Bios* Griechisch ist und *Leben* bedeutet). Machen Sie weiter so, entwickeln Sie merktechnisches Verständnis für die restlichen Begriffe.

Link

Abkürzungen sind bei Ärzten genauso beliebt wie Fremdwörter. Wenn Sie sich auch da durchlernen wollen, schauen Sie in das medizinische Abkürzungsverzeichnis unter http://www.medizinische-abkuerzungen.de.

Vokabeln nicht stur pauken

Wenn Sie eine Sprache sprechen wollen, lernen Sie zuerst den Grundwortschatz, also die am häufigsten vorkommenden 400 bis 800 Wörter. Damit verstehen Sie bereits den Großteil aller Texte (etwa 90 Prozent). Und vergessen Sie die hinteren Seiten aller Sprachlernbücher! Unter folgender Adresse finden Sie eine Liste der zehn häufigsten türkischen Wörter: http://www.humboldt.de/ural/48127. Probieren Sie aus, wie viel Türkisch Sie allein damit schon verstehen können.

Die zehn häufigsten türkischen Wörter

Die Schlüsselwortmethode funktioniert mit den Sprachen besonders gut, die unserer Sprache ähneln. Aber es gibt immer wieder Vokabeln, die sich beharrlich gegen Lernmethoden wehren. Wie Sie am Beispiel von *oko* bereits gesehen haben: Es gibt kreative Variationen zur Schlüsselwortmethode, mit der Sie garantiert jede Vokabelnuss knacken können. Je länger Sie sich mit Wörtern beschäftigen, desto selbstverständlicher werden Sie aufhören zu lernen und die Vokabeln mit anderen Augen sehen.

Aufgabe

Wenden Sie nun Ihre neu erworbenen Fähigkeiten in japanischen Gewässern an und merken Sie sich die Namen verschiedener Sushi-Sorten:

- Ika – Tintenfisch
- Sake – Lachs
- Kani – Krabbe
- Unagi – Süßwasser-Aal
- Saba – Makrele
- Hotategai – Jakobsmuschel
- Tamago – Ei
- Hirame – Scheinbutte
- Ise ebi – Languste oder Hummer
- Uni – Seeigel

Diese Übung ist schwierig, weil die Wörter kurz sind und Japanisch eine entfernte Sprache ist. Trotzdem sollten Sie ein paar Schlüsselwörter und passende Bilder suchen und finden. Das Rückenmuster der *Makrele* ist so prachtvoll wie die Gewänder der Königin von *Saba*. Kennen Sie das japanische Elektronikspiel *Tamagotchi*? Die Form des Spiels erinnert an ein Ei (das Wort ist übrigens eine Schöpfung aus den Begriffen *Ei* und *Uhr*).

Für Vegetarier (oder als zusätzliche Übung) eine Liste exotischer Obstsorten: http://de.wikipedia.org/wiki/Liste_der_Obstarten#Weitere_exotische_Fr.C3.BCchte.

Weiterführende Übung

Wenn Sie gerade keine Sprache lernen wollen, können Sie Ihre neuen Merkfähigkeiten auch an folgenden Themen ausprobieren:

- juristische Fachbegriffe
- exotische Gewürze, Heilkräuter oder Pilze
- lateinische Namen von Tieren und Pflanzen
- Namen italienischer Pasta-Sorten

Link

Besonders gut zum Merken-Üben sind auch die Fachbegriffe für Phobien. Eigentlich ein ernstes Thema mit vielen ungewöhnlichen Bezeichnungen für Ängste aller Art. Zum Beispiel ist Epistemophobie die Angst vor Wissen. Stöbern Sie im Internet unter http://www.angsterkrankungen-phobien.de und merken Sie sich schlau.

Aufgabe

Letzte Übung und Brücke zum nächsten Kapitel, in dem es um Namen und Gesichter gehen wird: Wenden Sie die Schlüsselwortmethode auf griechische und römische Gottheiten an und merken Sie sich deren Namen inklusive Übersetzung.

Griechisch	Römisch	Bedeutung
Hera	Juno	Ehe und Geburt
Hades	Pluto	Totengott
Dionysos	Bacchus	Gott des Weines
Demeter	Ceres	Göttin der Fruchtbarkeit
Hestia	Vesta	Hüterin des Herds
Gaia	Terra	Mutter der Erde
Asklepios	Aesculapius (Äskulap)	Gott der Heilkunst
Hypnos	Somnus	Gott des Schlafes
Hermes	Mercurius (Merkur)	Götterbote

Tipp

Denken Sie sich unbedingt eine gute Merkmethode aus, mit der Sie die Nationalität der Götter unterscheiden können, das heißt, dass die Griechen nicht plötzlich Römer sind und umgekehrt. Vielleicht haben Sie bereits eine Regel in der Tabelle entdeckt, die für die männlichen Gottheiten gilt: Die Römer enden auf *-us*, während die Griechen auf *-os* enden.

Das jüngste Gesicht

Das Merken von Namen und Gesichtern ist eines der am meisten nachgefragten Themen in Gedächtnistrainings. An Gesichter kann sich unser Kopf hervorragend erinnern, aber Namen sind nun einmal nicht an der Nase zu erkennen. Dabei ist ein phänomenales Namensgedächtnis einfach erreichbar – es kommt nur auf die richtige Technik an! In diesem Kapitel werden Sie lernen, Menschen Ihre Namen ins Gesicht zu schreiben, indem Sie Namen in Bilder verwandeln und Details in Gesichtern entdecken, an die Sie die Namensbilder kleben können.

Wer bin ich?

In einem Experiment wurden Versuchspersonen Lebensläufe mehrerer Menschen gezeigt. Später konnten sich die Testpersonen in rund zwei Drittel der Fälle an Beruf, Hobby und Wohnort erinnern. Aber an Vornamen nur 31 Prozent und an Nachnamen sogar nur 30 Prozent. Der Autor Joseph T. Hallinan hat eine Erklärung: Namen an sich bedeuten nicht viel. „Wir sehen sie als zufällige Etiketten an.“

Aufgabe

Stellen Sie sich vor, Sie sind nun ein paar Seiten lang Chefarzt in einem Krankenhaus. Bevor Sie mit Ihren Kollegen und Mitarbeitern auf Visite gehen, werfen Sie einen Blick auf die Liste der Patienten und merken sich die vollständigen Namen inklusive Beruf und Leiden.

Name	**Vorname**	**Beruf**	**Krankheit**
Eder	Willi	Hausmeister	Beinbruch
Greiner	Rüdiger	Buchhalter	Blinddarm
Hemstetten	Ricarda	Designerin	Lungenentzündung
Iris	Jutta	Hausfrau	Simulantin
Nissental	Arne	Mechaniker	Bänderriss
Mersenburger	Wilfried	Rentner	Demenz
Pogenburg	Anna	Friseurin	Schnittwunde
Rettiger	Herbert	Schlosser	Armbruch
Schulz	Adam	Kunstmaler	Vergiftung
Zuber	Elke	Studentin	Schädeltrauma

Um dieses Problem zu lösen, verarbeiten Sie die Namen genauso wie die Vokabeln im vorigen Kapitel: *Hinter dem weißen Haus gibt es einen Bohnengarten. Dort werden in Humpen Bergmänner gezüchtet, die „Igitt" rufen*, weil sie mit den Füßen in der Erde stecken. Das ist nicht unbedingt Wissen, das Sie als Chefarzt im Kopf haben müssen, denn hierbei handelt es sich um ein Beispiel aus der Filmbranche: Mit dem weißen Haus ist nicht das Gebäude in Washington gemeint, sondern die nordafrikanische Version mit dem spanischen Titel *Casablanca*. Und im Rest des Bildes verstecken sich die beiden Hauptdarsteller des Klassikers. Wenn Sie das Drehdatum gleich mit einspeichern wollen, dann stellen Sie sich vor, wie dieses weiße Haus so heruntergekommen dasteht wie eine *Ruine* (die Auflösung dazu im Kapitel *Huhn plus Schi gleich Ufo*).

Das einzige Hindernis: Viele Namen lassen sich nicht ganz so leicht mit der Schlüsselwortmethode knacken, aber – um es mit den Worten eines griechischen Philosophen zu sagen: *Jedes Problem lässt sich lösen, wenn man nur lange genug darüber nachdenkt!* Wenn Ihnen gar nichts einfällt: Es gibt jede Menge Online-Datenbanken und Namens-Lexika, in denen die Bedeutungen von Vor- und Nachnamen erklärt werden.

Link

Eine besondere Webseite über Vornamen ist http://www.vornamen-weltweit.de. Hier werden unter anderem Statistiken gezeigt, wo auf der Welt Menschen auf welche Namen getauft sind. Und wo die meisten Menschen mit bestimmten Nachnamen zu finden sind, können Sie sich auf http://www.humboldt.de/url/48133 ansehen. Eine ganze Menge Familiennamen (und deren Bedeutung) finden Sie bei Wikipedia: http://de.wikipedia.org/wiki/Kategorie:Familienname.

Bedeutung von Familiennamen

Auflösung

Auf geht's zur Visite: Stellen Sie sich einen *Rüden* vor, der *grantig* ist (bayerisch für *wütend* oder *verärgert*) und einem *Buchhalter* in den *Blinddarm* beißt. Die anspruchsvolle (und leicht gewalttätige) Version: Ein ruhmvoller Speerwerfer (Bedeutung von *Rüdiger*) rammt seinen Spieß in einen Glasbläser (*Greiner*), der sich zur Verteidigung ein *Buch* vor den Bauch *hält*, dass bei dem Angriff nicht der *Blinddarm* getroffen wird. Die *Studentin* hat *geträumt* (statt zu lernen) und ihren *Schädel* an einem *Zuber* voller *Nelken* gestoßen. Und ein *wilder*

Eber (der etwas verdreht war, damit Sie das *b* in ein *d* verdenken) ist wie ein *Meister* vom *Haus* gesprungen und hat sich dabei das *Bein* gebrochen.

Auch wenn es gebildeter aussieht, wenn Sie sich durch die Bedeutungen der Namen ackern: Benutzen Sie diese Methode nur, wenn Sie sichere Verbindungen zwischen *Glasbläser* und *Greiner*, zwischen *Schulz* und *Dorfpolizist* und zwischen *Ricarda* und *hart* herstellen können. Beim letzten Beispiel müssen Sie nur ein wenig um die Ecke denken, denn *Ricarda* stammt von *Richard* ab.

Weiterführende Übung

Auch gut geeignet als Spiel unter Merktechnik-Freunden: Aus einem Telefonbuch werden besonders ausgefallene (oder besonders gewöhnliche) Namen ausgesucht, die so schnell wie möglich in lustige Bilder verwandelt werden müssen. Oder Sie knöpfen sich die Namen Ihrer Lieblingsschauspieler vor. Verbinden Sie Künstlernamen mit den echten Namen der Stars und Sternchen! Finden Sie ein gutes Bild, um aus *Hans-Jürgen Hubert Dohrenkamp* den bekannten *Jürgen von der Lippe* zu machen. Oder aus *Udo Jürgen Bockelmann* den Sänger *Udo Jürgens*.

Schau mir ins Gesicht, Kleines!

Jetzt wird es schwieriger, denn Gesichter werden vom Gehirn nur oberflächlich abgearbeitet. Kennen wir die Person, die unsere Augen nur Bruchteile von Sekunden angesehen haben? Das ist häufig die einzige Frage, die sich unser Gehirn beim Ansehen eines Menschen stellt. In Studien wurde herausgefunden, dass wir Personen blitzschnell geistig abhaken, sobald eine passende Schublade gefunden wurde: Sehen wir einen Mann mit blauer Latzhose, kariertem Hemd und Helm, stecken wir ihn schlagartig in die Kategorie *Bauarbeiter*. Bei weißem Kittel und Stethoskop rasten wir beim Arzt ein. Vom Gesicht sieht und merkt sich der Kopf nicht die kleinsten Details.

Experiment

Ein tolles Spiel, das auch die Fähigkeit trainiert, beim nächsten Banküberfall die Räuber besser beschreiben zu können: Ein Mitspieler hat zwei Minuten Zeit, das Gesicht eines Prominenten zu erklären, ohne seinen Namen zu nennen. Wer richtig rät, ist als Nächster dran.

Wenn Sie sich Gesichter besser merken wollen, dann schauen Sie genau hin. Lernen Sie, Gesichter mit Worten zu beschreiben und entwickeln Sie eine Spürnase für die Details – vor allem für die unveränderlichen Kennzeichen, denn es macht keinen Sinn, Namen an Hemd und Hose zu binden.

Aufgabe

Merken Sie sich die Namen der abgebildeten Personen.

Rita Süss

Frida Rhein

Carmen Toes

Herbert Windegg

Martin Willer

Hier zwei der besten Methoden, um Personen an ihre Namen zu binden. Probieren Sie beide aus und finden Sie heraus, welche von beiden Ihrem Gehirn mehr liegt.

Einfacher, aber etwas unsicherer ist die so genannte *Szenen-Methode*: Setzen Sie eine Person in ein Bild, das Sie aus dem Namen gebaut haben: *Rita Süss* wird ein Helm mit Feder auf den Kopf gesetzt. Sie bekommt einen Schild in die Hand und das Kleid wird gegen ein Kettenhemd ersetzt. *Ritter Süss* wäre das Ergebnis, weil sie trotz gedachter mittelalterlicher Aufmachung weiterhin unglaublich süß aussieht. Bei dieser Methode ist die Bindung zwischen Person und Name nicht besonders stark. Wenn Sie den Merkfaden (das Ritterbild) nicht wiederfinden, kann es passieren, dass Ihr Kopf sich nicht an Szene und Namen erinnert. Sonst eignet sich diese Methode auch hervorragend, um weitere Informationen über die Person in die Szene zu integrieren.

Tipp

Joseph T. Hallinan fasst die Ergebnisse wissenschaftlicher Studien zusammen, in denen untersucht wurde, wie das Gehirn sich Gesichter merkt: „Wenn Sie sich ein Gesicht merken wollen, dann suchen Sie darin nach Hinweisen auf Charaktereigenschaften." Es sollte sich dabei um nicht veränderbare Kennzeichen handeln, denn es ist unwahrscheinlich, dass sich beispielsweise jemand eine außergewöhnliche Art zu lachen schnell abgewöhnt.

Auf diesem Vorgehen basiert Technik Nummer zwei: Die *Karikatur-Methode*. Suchen Sie nach einem einzigartigen Kennzeichen, das Ihnen an einer Person auffällt und bei der nächsten Begegnung garantiert wieder ins Auge stechen wird: Riesennase oder Stupsnase, Segel- oder Hamsterohren, Muttermale, spitzes Dreifachkinn, Knochen in der Nase, eine Tätowierung oder ein wahnsinnig breites Grinsen. Dieses Merkmal übertreiben Sie in Ihrer Vorstellung, bis sich das Gesicht Ihres Gegenübers in eine Karikatur verwandelt hat. Daran binden Sie den Namen mit Hilfe eines Bildes: Sehen Sie den schmalen Mund von Frida Rhein? Der sieht aus wie ein langer deutscher Fluss, oder? Schauen Sie genau hin! Und weil die Dame *friert*, springt sie genau *da rein*. Das erfordert etwas intensivere Beobachtung, aber hält garantiert länger.

Tipp

Eine Person ist mehr als ein Name. Wenn Sie jemandem vorgestellt werden, dessen Namen Sie sich merken wollen, dann finden Sie weitere Details über die Person heraus und bauen Sie Informationen über Beruf, Hobbies und Lieblingsessen mit in das Denkbild ein. Je mehr Fakten, desto leichter wird sich Ihr Gehirn an den Namen erinnern, und Sie verfügen gleich über Gesprächsstoff für die nächste Begegnung. Zusammen mit Ihrem Partner können Sie Ihren Bekanntenkreis durchgehen und gemeinsam nach den typischen Charaktermerkmalen suchen.

Weiterführende Übung

Hier ein paar Vorschläge für Trainingspersonen mit Allgemeinbildungswert: die Mitglieder der aktuellen Bundesregierung, Namen von Schauspielern in Filmen (den jeweiligen Film als Merkhilfe nutzen). Ganz schwer: die Mainzelmännchen (http://humboldt.de/url/48134), die Rentiere von Santa Claus und die sieben Zwerge.

Mainzelmännchen

Hier finden Sie verschiedene Typen Mainzelmännchen. Versuchen Sie, die Mainzelmännchen mit Namen auseinanderzuhalten.

Link

Eine echte Herausforderung sind die Filmnamen von Christopher Lee, der den Rollenrekord hält und in über 250 Filmen mitgespielt hat: Die Liste aller Rollen finden Sie im Internet unter: http://www.imdb.de/name/nm0000489/#actor.

Tipp

Auf einer Party haben Sie nicht die Zeit, sich alle Gesichter in Ruhe anzuschauen. Auch solche Situationen können Sie mit ein wenig Technik souverän meistern: Hangeln Sie sich wie ein Diplomat (daher auch der Name der Technik) von Gruppe zu Gruppe und lernen Sie die Namen Stück für Stück. Und wenn doch alle Anwesenden mit vollem Namen an Ihnen vorbeirauschen, dann vergessen Sie für einen Moment das Gebot, nur unveränderliche Dinge zum Merken zu benutzen, und bauen Sie in Ihre Bilder alles ein, was Ihnen gegenübersteht: Kleidung, Schmuck und Schuhe (für diese Technik putzen sich auf Partys alle Gäste hübsch heraus).

Zum Schluss testen Sie, ob Sie sich an alle Namen richtig erinnern:

Überall, nur nicht im Kopf

Die externe USB-Festplatte für den Kopf: Wenn Sie Namen an Personen binden können, dann beherrschen Sie bereits eine so genannte *externe Merktechnik*, bei der Sie Informationen nicht im Kopf speichern, sondern Ihre Umwelt zum Merken benutzen.

Die Evolution hat dafür gesorgt, dass räumliche Orientierung und die Vorstellung von Orten zwei der größten Stärken unseres Kopfes sind. Verbinden und verflechten Sie wichtige Fakten dort, wo Sie hingehören (zum Beispiel Daten über Sehenswürdigkeiten); oder Sie bauen sich an Orten, die Sie besonders gut kennen, einen Wissensspeicher auf, der wie beim Verbinden, nicht unbedingt etwas mit den gemerkten Fakten zu tun haben muss.

Aufgabe

Merken Sie sich folgende Fakten direkt am Ort des Geschehens. Verbinden Sie alle aufgezählten Informationen in Ihrer Vorstellung mit den Bauwerken:

- Der **Eifelturm** ist (ungewöhnlich) dreieckig und steht seit 2003 auf dem Schneeberg in der Vulkaneifel in der Nähe der Gemeinde Boos.
- Der **Eiffelturm** wurde vom Ingenieur Gustave Eiffel konstruiert und zwischen 1887 und 1889 im Park Champ de Mars in Paris errichtet und ist rund 300 Meter hoch.

Experiment

Erinnern Sie sich an die Wohnung oder das Haus, in dem Sie als Kind gelebt haben. Gehen Sie im Kopf alle Zimmer durch. Je länger Sie sich an einen bekannten Ort denken, desto mehr Details werden Ihnen einfallen. Wenn Sie mit Haus und Wohnung fertig sind, machen Sie sich auf den Weg quer durch die ganze Stadt. Probieren Sie das Gleiche mit einem lang zurückliegenden Urlaub, mit Ihrem Fitness-Studio, mit den Wohnungen von Freunden und Bekannten.

Den offiziellen und vollständigen Namen des Kölner Doms können Sie mit wenig Fantasie in der Westfassade (Ansicht von vorne) entdecken: Die Kirche ist ein *hoher* Dom, der dasteht wie ein *heiliger Felsblock*, der wie ein riesiges M aussieht. Was steckt dahinter? Das Bauwerk heißt mit vollem Namen: Hohe Domkirche Sankt Peter und Maria. Der *hohe Dom* ist leicht zu merken. Sankt Peter steckt im Bild *heiliger Felsen* (Sankt plus die griechische Bedeutung des Namens Peter) und der Blick auf die vordere Fassade ähnelt beim genauen Hinsehen dem Buchstaben M, der ein guter Hinweis auf den Namen *Maria* ist. Schließlich hat der Dom zwei Türme, was wir als Merkhilfe dafür nehmen, dass er nach zwei Heiligen benannt ist.

Nebeneffekt: Sie beschäftigen sich nicht nur mit dem, was Sie lernen müssen, sondern schauen auch noch ein bisschen nach links und rechts. So lernen Sie gleichzeitig und zusätzlich, was der Name *Peter* bedeutet. Und ganz nebenbei: Haben Sie sich schon eine Merkhilfe für den Vornamen Peter und seine Bedeutung überlegt? Vorschlag: Peter pennt (schläft) immer so fest, dass er daliegt wie ein Felsblock! Denken Sie sich auch eine eigene Lösung aus.

Auflösung

Zurück zu den Türmen: Hier sollten Sie zunächst die Schreibweisen vergleichen: Je mehr f im Namen stecken, desto höher, bekannter und französischer der Turm.

Der kleine Bruder spuckt *boshaft Lava* vor Neid, dass er nicht so hoch ist wie die Paris-Ausgabe (damit wäre *Boos* in der *Vulkaneifel* gemerkt). Dort steht er seit (200)3 auf drei Pfeilern (drei und drei).

Die größere Ausgabe in Paris hat drei Besucherebenen und ist *deswegen* 300 Meter hoch (wieder drei und drei als unsinnvolle Verbindung). Sein Konstrukteur wollte eine Stütze bauen (*Gustave* kommt aus dem Skandinavischen und bedeutet *Stütze*), die wie ein *Champion* bis zum *Mars* reicht (stellen Sie sich vor, wie die Spitze des Turms an der Oberfläche des roten Planeten kratzt). Probieren Sie, ob diese Eselsbrücken in Ihrem Kopf hängen bleiben. Was nicht hält, konstruieren Sie neu.

Weiterführende Übung

Die sieben Hügel von Rom sind auf den ersten Blick schwer mit einem Städtenamen zu verbinden, der nur drei Buchstaben lang ist. Vereinfachen Sie das Merken, indem Sie die Namen der Hügel mit bekannten Bauwerken verknoten. Hier die Namen der sieben Hügel von Rom:

- Aventin
- Kapitol
- Caelius
- Palatin
- Viminal
- Quirinal
- Esquilin

Auch gut machbar mit dieser Merktechnik: die kleine Stadtführung (bauen Sie in die wichtigsten Sehenswürdigkeiten Ihrer Heimatstadt ein paar Fakten über die Bauwerke und Denkmäler ein). Oder probieren Sie die Technik bei einer Städtereise direkt vor Ort aus.

Wie Sie mehr und auch ortsfremde Fakten in Ihrer Umwelt ablegen können, lesen Sie später im Kapitel *Volles Haus: Römische Räume*.

Ja, wo merken Sie denn? – Richtig erinnern

Die wichtigste Frage, die Sie sich nicht nur beim Verorten stellen sollten: Wie, wann und wo wollen Sie sich an die gemerkten Informationen erinnern? Das Finden von Fakten folgt in den meisten Fällen dem einfachen Reiz-Reaktions-Prinzip: Der Lehrer stellt eine Frage und wir springen hoch und liefern die Antwort.

Wenn Ihr Kopf mit Merktechniken arbeitet, verändert sich diese Denkweise. So können Sie zum Beispiel Ihr Wissen wie Gemälde in einer Ausstellung betrachten: Schauen Sie sich vor Ihrem geistigen Auge den vollen Namen des Kölner Doms, die Daten der Eif(f)eltürme oder auch das Erfindungsjahr des Fernrohrs an. Mit gepauktem Wissen wäre so etwas unvorstellbar.

Hier ist das Spektrum der Merk-Möglichkeiten für das Verorten noch einmal zusammengefasst:

- Das klassische Müll- oder Briefproblem: Sie merken den Müll und den Brief dort, wo Sie ihn mitnehmen wollen, und nicht erst, wenn Sie an den Tonnen im Hof oder am Briefkasten auf der Straße vorbeilaufen (verschobenes Reiz-Reaktions-Schema).
- Informationen, die Sie immer dabeihaben wollen (Aufgabenlisten), merken Sie auf Ihrem Körper, am Mobiltelefon oder in der Aktentasche (knoten Sie die Fakten an Details wie Tasten, Akku, Display oder auch Griff, Verschluss und Fächer).
- Eine große Herausforderung sind Termine. Ver-Uhrzeiten statt Ver-Orten: Verwandeln Sie Uhrzeiten in Bilder und verbinden Sie diese mit Ihren Terminen zu einem griffigen Bild: Zwölf Uhr ist *Mittagessen*, zwei Uhr sind *Zwillinge* (die sich um die Fernbedienung streiten: also Zeit zum Fernsehen, weil da gerade Ihre Lieblingsserie läuft). Halb zwölf können Sie sich als einen *halben Mittagstisch* vorstellen.

Auflösung

Haben Sie ein gutes Bild für die Hügel von Rom gefunden? Denken Sie sich direkt zum Kolosseum (antiker Name *Amphitheatrum Novum*). Darauf stehen *Adventskerzen*, während drinnen bei null Grad *Celsius* ein *Kapitel* über *Palatschinken* vorgelesen wird: *Wie* man ihn am besten *quirlt*, dass er *exquisit* schmeckt. Merken muss nicht unbedingt sinnvoll, aber besonders vorstellbar sein!

Merk-Zwischenstopp: Listenwahnsinn und Tabellenirrsinn

Bevor wir in die erweiterten Techniken einsteigen, probieren Sie aus, wie Sie mittlerweile mit trockenen Fakten umgehen, und beobachten Sie, wie viel besser das Lernen mit Merktechniken funktioniert.

Aufgabe

Jetzt machen wir ernst: Merken Sie sich die Ländernamen und die dazugehörigen Hauptstädte aller 193 offiziell anerkannten Staaten der Welt. Schätzen Sie zuerst ab, wie lange Sie (mit Hilfe von Merktechniken) dafür brauchen werden. Vielleicht geht es schneller, als sie denken. Hier eine kleine Länderauswahl zum Üben:

Staat	Hauptstadt	Fläche (km²)	Flagge
Republik Benin	Porto Novo	112 620	
Gabun	Libreville	267 667	
Jamaika	Kingston	10 991	
Laos	Vientiane	236 800	
Mali	Bamako	1 240 192	
Niue	Alofi	260	
Palau	Melekeok	458	
Sierra Leone	Freetown	71 740	
Sudan	Khartum	2 505 810	
Trinidad und Tobago	Port-of-Spain	5 128	

Link

Aus Platzgründen fehlt an dieser Stelle die komplette Liste. Alle Länder finden Sie bei Wikipedia unter http://humboldt.de/url/48136.

Liste Staaten der Erde

Für diese Übung sind nur die ersten beiden Spalten wichtig, also die Kombination von Staat und Hauptstadt (den Rest merken Sie sich später, wenn Ihr Gehirn auch mit Zahlen und Bildern mühelos fertig wird). Achtung: Stellen Sie sicher, dass Ihre Merkhilfen in beide Richtungen funktionieren, also vom Staat zur Hauptstadt und umgekehrt von der Hauptstadt wieder zurück zum Staat.

Auflösung

Wenn Sie die ganze Liste lernen wollen, dann sollten Sie zuerst analysieren, welche Informationen Sie bereits kennen. Streichen Sie dick durch und genießen Sie den Anblick, dass Sie nicht bei null anfangen. Dann sehen Sie die Liste noch einmal an und teilen Sie ein in leichte, mittlere und schwere Merkfälle. Wenn Ihnen in dieser Runde bereits Bilder oder Eselsbrücken einfallen: Gleich verarbeiten, prüfen, ob das Bild im Kopf sitzt, und ebenfalls streichen. Vermutlich werden Sie auf diese Weise 10 Prozent oder mehr Fakten sofort erledigen.

Vorsicht mit Hauptstädten, deren Namen Sie schon einmal gehört haben, aber vielleicht nicht aktiv nennen können oder nicht mit dem zugehörigen Staat verbinden. Liegen-mir-auf-der-Zunge-Fakten ebenfalls mit Hilfe eines Merkbilds absichern.

Lernen Sie jede Stadt und jedes Land nur ein einziges Mal! Bleiben Sie so lange dran, bis Ihnen eine richtig gute Merkhilfe einfällt. Wenn der Kopf völlig leer bleibt, dann machen Sie mit einer anderen Stadt weiter. Wenn Sie dabei das gleiche Problem haben: Pause machen! Ihr Kopf ist scheinbar gerade nicht in Stimmung, in Bildern zu denken.

Tipp

Die harten Nüsse können Sie auf Karten schreiben und zwischendurch einen Blick riskieren; zum Beispiel, wenn Sie im Bus sitzen oder beim Arzt warten müssen.

Der chinesische Tischtennistrainer Chen Xinhua sagte über richtiges Training: „Wenn Du nicht weißt, was du falsch machst, kannst du niemals wissen, was du richtig machst." Wenn Sie etwas vergessen, dann schauen Sie nicht gleich nach, sondern probieren Sie, sich doch an das Bild heranzutasten. Stellen Sie sich folgende Fragen:

- Welche Technik habe ich benutzt?
- Was ist in dem Merkbild passiert?
- Welche Farben waren auf dem Bild zu sehen? Welche Gegenstände? Personen? War es ein großes Bild oder ein kleines? War etwas in Bewegung? Und so weiter …
- Halte ich mich am falschen Begriff fest, der ins Leere führt?

Wenn Ihnen das Bild doch nicht einfällt, dann schauen Sie nach und schärfen Sie das Merkbild: Machen Sie es komischer, spannender, erotischer, bunter, unglaublicher! Herrscht später trotzdem wieder Ebbe im Kopf, dann scheint das Bild in Ihrem Kopf nicht zu funktionieren, also überschreiben Sie den Denkfehler mit einer besseren, ganz neuen Lösung.

Link

Ein abwechslungsreiches Ratespiel zu allen möglichen geographischen Themen rund um Europa finden Sie im Internet unter http://www.toporopa.eu/de. Ihr Wissen können Sie auch unter http://show-quiz.com/hauptstaedte.php überprüfen.

Weiterführende Übung

Würden Sie jedes der oben aufgeführten Länder auf einer Karte finden? Wenn nicht, dann merken Sie das gleich mit – aber bitte erst eine geeignete Technik dafür entwickeln. Und merken Sie sich auch, welches Land welche Länder als Nachbarn hat. Oder Sie prägen sich weitere Daten ein: Sehenswürdigkeiten, Währung, politisches System, Bodenschätze, Industriezweige, Prominente und Künstler. Die Welt ist groß!

Auflösung

Länder-Nachbarn lassen sich besonders kreativ merken (und das ist nur eine von vielen möglichen Lösungen): Machen Sie aus dem Umriss eines Landes ein Bild. Österreich etwa sieht aus wie ein Motor mit angebautem Getriebe. Die Nachbarn werden mit mehr oder weniger logischem Zusammenhang angebaut: Links vom Getriebe könnte die Auspuffanlage positioniert sein, wo der *Schweiß* herausströmt (dort ist die *Schweiz*). Direkt unter dem Motor sind die Bremsen, die den Wagen langsam machen (Englisch *slow* für *Slowenien*). Und der Motor drängt *hungrig* vorwärts, so dass rechts unten *Ungarn* ist.

Weiterführende Übung

Je knapper die Information, desto schwieriger ist es, eine Merkhilfe daran zu kleben. Wenn Sie auf Weltmeisterniveau trainieren wollen, dann versuchen Sie sich zum Beispiel an den extrem schweren IATA-Flughafencodes (http://www.humboldt.de/url/48139).

IATA-Flughafencodes

Etwas leichter und eine tolle Übung für Vielfahrer: die Liste der 383 deutschen Kraftfahrzeugkennzeichen. Diese finden Sie im Internet unter http://www.humboldt.de/url/48140.

Aktuelle Kfz-Kennzeichen

Übrigens: Das seltenste deutsche Kennzeichen ist *BÜS* für Büsingen (im Landkreis Konstanz). Nur rund 700 Autos sind mit dieser Buchstabenfolge gekennzeichnet.

Die Kennzeichen für Österreich finden Sie unter http://www.humboldt.de/url/48142 und für die Schweiz unter http://www.humboldt.de/url/48143.

Kfz-Kennzeichen Österreich

Kfz-Kennzeichen Schweiz

Wenn Sie mehr merken wollen: Nummernschilder aus der ganzen Welt finden Sie im Buch *Autonummern weltweit* von Gunther und Petra Bamler.

Tipp

Arbeiten Sie mit *unterschiedlichen* Verfahren, um Abkürzungen oder auch andere Fakten in Eselsbrücken und Merkbilder zu verwandeln – das verhindert Verwechslungen und Sie entwickeln ständig neue Möglichkeiten zum besseren Merken.

Tipp

Es lohnt, bei einer Liste nicht immer oben anzufangen. Sortieren Sie um, denn die Wahrscheinlichkeit, ein Auto mit dem Kennzeichen *BÜS* oder auch *EI* zu treffen, ist recht gering. Dagegen werden Sie viel mehr *B* und *HH* auf deutschen Straßen zu sehen bekommen. Oder Sie starten an Ihrem Wohnort und weiten Ihr Wissen in Kreisen aus, entsprechend der Wahrscheinlichkeit, anderen Autos mit fremden Kennzeichen zu begegnen. Ein Flensburger sollte also die bayerischen Kennzeichen zuletzt lernen. Randbemerkung: Dieses Vorgehen ist auch dann hilfreich, wenn Sie für Prüfungen auf Lücke lernen (müssen). Arbeiten Sie sich nicht stur von vorne nach hinten durch den Stoff, sondern merken Sie zuerst das, was garantiert gefragt wird.

Um die Ecke denken

In diesem Teil werden Spezialtechniken vorgestellt, um besondere Merk-Herausforderungen erfolgreich zu meistern. Besonders das Merken von Zahlen ist mit dem Basistechniken zwar machbar, aber die Möglichkeiten sind begrenzt und große Mengen von Ziffern so kaum zu behalten. Mit einer speziell für Ziffern und Zahlen entwickelten Technik werden Sie zum Nummernprofi. Außerdem werden Sie die Techniken, die Sie bereits kennen gelernt haben, deutlich erweitern und verfeinern.

Nummer einfach

Verfahren, mit denen das Merken sperriger Ziffern und Zahlen erleichtert werden soll, gibt es viele – jedoch machen die meisten das Merken nicht leichter, sondern kompliziert, umständlich oder aufwändig. Ein sehr einfaches (und aufwändiges) Verfahren für Zahlen haben Sie bereits benutzt: Erinnern Sie sich, in welchem Jahr das Fernrohr erfunden wurde? Und wann sind die ersten Menschen auf dem Mond gelandet? Wenn es um wenige Ziffern geht, ist das Verbildern von Zahlen durchaus zum Merken geeignet. Für richtig viele Ziffern und Zahlen jedoch nicht.

Experiment

Suchen Sie ein gutes Merkbild für die Tatsache, dass der Eifelturm 25 Meter hoch ist! Und wie hoch war der höhere Bruder?

Vermutlich wird Ihnen spontan kein gutes Bild dazu einfallen, oder? Über zwei Ziffern lange nachzugrübeln, macht überhaupt keinen Sinn, wenn Sie sich zum Beispiel Daten und Fakten einer telefonbuchdicken Preisliste einprägen wollen.

Aufgabe

Merken Sie sich die Länder, die in den Zeitzonen liegen – inklusive der jeweiligen Verschiebung. Denken Sie daran, dass Sie ein System brauchen, mit dem Sie positive und negative Vorzeichen unterscheiden können, sonst drehen Sie die Uhr in die falsche Richtung.

Zeitzone	Land	Zeitzone	Land
±0	Internationale Raumstation (ISS)	−1	Grönland
+1	Monaco	−2	Brasilien (teilw.)
+2	Israel	−3	Argentinien
+3	Saudi-Arabien	−4	Chile
+4	Mauritius	−5	Panama
+5	Pakistan	−6	Mexiko (Mexiko-Stadt)
+6	Bangladesch	−7	Texas (USA)
+7	Thailand	−8	Kalifornien (USA)
+8	Hongkong	−9	Alaska (USA)
+9	Japan	−10	Hawaii (USA)
+10	Tasmanien (Australien)	−11	Samoa
+11	Neukaledonien	−12	Bakerinsel
+12	Neuseeland (teilw.)		

Tipp

Wenn eine Stadt in Ihrem Kopf kein Bild auslöst, sollten Sie Lexikon oder Internet aktivieren und dem Namen weitere Fakten hinzufügen, an der sich die Zeitzone mental festheften lässt.

Einzelne Ziffern oder sogar mehrstellige Zahlen in Bilder zu verwandeln ist eine sehr kreative Art zu merken – gerade weil sie viel Denkaufwand erfordert. Das Prinzip ist einfach: Die Ziffer wird nach ihrem Aussehen in ein Bild verwandelt. Wenn Sie genau hinschauen, entdecken Sie in der Ziffer 1 einen Turm, einen Spazierstock, einen Nagel. In der Ziffer 2 einen Schwan oder einen Schlüssel und in der Ziffer 3 eine Gabel, eine Kneifzange, ein Paar Kirschen. Denken Sie einfach weiter so!

Aufgabe

Merken Sie sich die Zehn Gebote in der richtigen Reihenfolge.

1	Ich bin der Herr, dein Gott. Du sollst keine fremden Götter neben mir haben. Du sollst dir kein Bildnis machen.
2	Du sollst den Namen Gottes nicht missbrauchen.
3	Gedenke, dass du den Sabbat heiligst.
4	Du sollst Vater und Mutter ehren.
5	Du sollst nicht morden.
6	Du sollst nicht ehebrechen.
7	Du sollst nicht stehlen
8	Du sollst kein falsches Zeugnis geben.
9	Du sollst nicht begehren deines Nächsten Frau.
10	Du sollst nicht begehren deines Nächsten Haus.

Auflösung

Die beiden Listen sind schnell erledigt: In der ISS hängt eine große, runde *Uhr* mit einem dicken Rahmen, die aussieht wie eine 0. Vor Mauritius ankert ein *Segelboot*, das als Segel die berühmte blaue Briefmarke gehisst hat. Und in Panama wird ein Schiff an einem riesigen *Haken* durch den Kanal geschleppt, aber der Haken reißt ab und das Schiff sinkt (negatives Bild = negatives Vorzeichen).

Bei den Geboten tadelt Gebot Nummer 7 das *Brecheisen*, dass es nicht stehlen (einbrechen) soll. Die 3 ähnelt einer *Wolke*: am Sonntag wird also in die Wolken geschaut und nicht gearbeitet. Nummer 6 ist durch Aussprechen der Ziffer leicht zu verbinden.

Experiment

Suchen Sie für jede Ziffer so viele Symbole (ähnliche Bilder) wie möglich. Sie können dieses Experiment auch mit anderen zusammen machen. So sehen Sie, wie andere Köpfe ticken. Probieren Sie unbedingt, ob Sie sich von allen Bildern sicher wieder zurück zur Ziffer denken können.

Testen Sie das so genannte *Zahlen-Symbol-System* auch mit längeren Ziffernfolgen: Ein *Mann* wird in *Handschellen* in ein *Loch* geworfen. Hinter einer *Mauer* versteckt sich ein *Schwan* mit einer *Gabel* in der Hand. Eine *Kette* hängt von einem *Kran* herunter und daran ist ein *Segelschiff* befestigt. Sehen Sie die Zahlen dahinter?

Weiterführende Übung

Suchen und sehen Sie nicht nur grafische Ähnlichkeiten zwischen Ziffern und Symbolen. Genauso gut lassen sich diese durch Ihre Bedeutung oder durch Reime mit einem Bild verknüpfen: Bei einer 2 können Sie an Zwillinge denken, bei einer 5 an eine Hand, bei der 747 an ein Flugzeug und bei 911 an einen Sportwagen oder das Datum des Anschlags auf das World Trade Center in New York.

Tipp

Mit einem kleinen Trick lässt sich das Zahlen-Symbol-System auf mehrere Stellen erweitern: Füllen Sie die folgende Tabelle auf. Dann können Sie zum Merken der Zahlen 0 bis 9 kleine Symbole, für die Zahlen 10 bis 19 mittelgroße und für die Zahlen 20 bis 29 große Symbole benutzen. Dabei verbildern Sie nur die letzte Ziffer. Die Größe des Bildes zeigt Ihnen, an welchen Zehnerblock Sie sich erinnern müssen!

	Klein		**Mittel**		**Groß**
0	Zahnloch	**10**	Bierdeckel	**20**	See
1	Streichholz	**11**	Pfeil	**21**	Mann
2		**12**		**22**	
3		**13**		**23**	
4		**14**		**24**	
5		**15**		**25**	
6		**16**		**26**	
7		**17**		**27**	
8		**18**		**28**	
9	Lupe	**19**	Luftballon	**29**	Heißluftballon

Weiterführende Übung

Probieren Sie aus, ob diese Art des Zählens Ihrem Gehirn gefällt. Und: Denken Sie sich ein System aus, die Tabelle bis 100 und sogar darüber hinaus zu erweitern.

Weiterführende Übung

Suchen Sie für die folgenden Zahlen passende Merkhilfen:

- 97 (größte zweistellige Primzahl)
- 356 (Geburtsjahr von Alexander dem Großen)
- 51° 10' 44" Nord, 1° 49‘ 35“ West (geographische Position von Stonehenge)
- 0039066982 (die Telefonnummer des Papstes)
- 0012024561414 (Telefonnummer des Weißen Hauses)

Bei Zahlen mit mehreren Ziffern wird das System durch häufige Wiederholungen der Bilder unübersichtlich. Irgendwann sehen Sie vor lauter Schwänen, Kerzen und Gabeln die Zahl nicht mehr. Oder der Aufwand wird zu groß, passende Bilder zu finden und das System selbst zu organisieren. Das ist bei der nächsten Technik ganz anders!

Huhn plus Schi gleich Ufo

Der Lehrer fragt die Schüler: „Was ist die erotischste Zahl, die ihr kennt?"
„218593", ruft Fritzchen.
„Wie kommst du denn darauf?", fragt der Lehrer.
„Ganz einfach", meint Fritzchen: „Wenn ZWEI sich EINS sind und nicht ACHTgeben, merken sie spätestens nach FÜNF Wochen, dass sie in NEUN Monaten DREI sind!" *(Quelle: Witze.net)*

Statistisch gesehen erweist sich unser Gehirn alsextrem widerstandsfähig gegen das Merken von Ziffern und Zahlen. Eine Befragung von 3 000 Personen endete mit eindrucksvollen Ergebnissen: Ein Viertel der Befragten hatte die eigene Telefonnummer nicht richtig oder gar nicht im Kopf. Und zwei Drittel kannten nicht mehr als drei Geburtstage Ihrer Bekannten und Freunde.

Aufgabe

Stellen Sie sich vor, Sie würden bei einem Hersteller von Spielzeugtieren arbeiten, der hunderte von Figuren im Programm hat. Merken Sie sich die vierstelligen Bestellnummern der kompletten Produktpalette inklusive Preisklasse. Und wenn Sie wollen, können Sie die Tiere gegen Werkzeuge, Waschmaschinen oder Gemüsesorten austauschen – das Merkprinzip funktioniert in allen Fällen gleich. Hier ein paar Beispiele:

Elefantenkuh mit Baby – 2172

Berner Sennenhund – 9367

Frosch – 4103

Zebra – 7745

Schildkröte – 3012

Bestell-Nr.	Tier	Preisklasse
2172	Elefantenmutter mit Baby	blau
3012	Schildkröte	grün
9367	Berner Sennenhund	grün
4103	Frosch	gelb
7745	Zebra	blau

Das *Majorsystem* ist eine der intelligentesten und effektivsten Merktechniken überhaupt. Erste Beschreibungen gab es bereits im 16. Jahrhundert in Frankreich und schon vor über 300 Jahren wurde es in Europa benutzt und teilweise sogar an Schulen gelehrt.

Der Unterschied zu den bisher gelernten Techniken ist klein, der Effekt aber gewaltig! Statt Fakten in Begriffe zu verwandeln, arbeitet das Majorsystem eine Ebene tiefer: Ziffern werden in Buchstaben übersetzt, die in Wörter und dann in Bilder verwandelt werden. So passen viele Ziffern in ein einziges Wort.

Einsteigen bitte! Beginnen wir mit einem einfachen Beispiel: Sie wollen sich die Zahl (19)21 einprägen – in diesem Jahr wurde das Sprichwort *Ein Bild sagt mehr als tausend Worte* das erste Mal veröffentlicht. Beim Majorsystem wird die Ziffer 2 gegen ein *n* ausgetauscht und die Ziffer 1 gegen ein *t* oder ein *d*. Aus der Buchstabenkombination *n* und *t/d* bilden Sie ein Wort durch Auffüllen mit Vokalen (a, e, i, o, u) und Umlauten (ä, ö, ü). Auch Doppelvokale (au, eu, äu etc.) können dazwischengeschoben werden. Mögliche Wörter wären also: *Neid*, *Nut* und *Not* – alles die Zahl 21.

Die Vokale dürfen Sie ein- und anfügen, wo Sie wollen – also auch davor und dahinter. So können weitere Wörter gebildet werden: *Note*, *Niete*, aber auch *Anita* und *Anode*. Vier weitere Möglichkeiten, die Zahl 21 zu verbildern.

Tipp

Eine Regel müssen Sie noch beachten: Doppelte Konsonanten stehen für *eine* Ziffer. Das Wort *nett* ist übersetzt also ebenfalls die 21 und nicht *211*! Das Majorsystem orientiert sich an der Aussprache, deswegen wird die Ziffer *1* auch gegen *t* oder *d* (lautverwandt) ausgetauscht. Für die 21 bedeutet das, wir können uns weitere Begriffe überlegen, zum Beispiel *nett* und *Annette*.

Hier sehen Sie eine Stärke des Majorsystems: Es ist extrem flexibel! Für eine zweistellige Zahl haben Sie bereits neun Wörter, die zum Merken benutzt werden können. Verbinden Sie nun einen Begriff Ihrer Wahl mit dem Sprichwort von oben und das Merken ist erledigt: Der Spruch *Ein Bild sagt mehr …* Das war das *Ende* von Büffeln und Pauken.

Hier der vollständige Schlüssel zu einem genialen Verfahren, Zahlen mit anderen Augen zu sehen:

Ziffer	**0**	**1**	**2**	**3**	**4**	**5**	**6**	**7**	**8**	**9**
Buchstaben	s, ss, z, ß	t, d	n	m	r	l	sch, ch, j	k, g, ck, q	f, w, v, ph	p, b

Halt! Bevor Sie jetzt loslegen: Lernen Sie die Zahlen-Buchstaben-Kombinationen nicht einfach so, sondern suchen Sie zuerst Begriffe, die genau eine Ziffer enthalten. Das ist nicht besonders effektiv beim Merken von Zahlen, aber sehr gut geeignet zum Einprägen des Majorsystems: 1 = *Tee* = Die Ziffer *eins* steht kerzengerade in einer heißen Tasse *Tee*. 2 = *Huhn* = *Schwan* und *Huhn* tanzen Samba (oder Walzer – ganz nach Ihrem Musikgeschmack). 3 = *Oma*, die immer auf Ihren drei Buchstaben sitzt (die 3 ähnelt einem *Hinterteil*) und einen geschwungenen Bart über der Lippe trägt. Machen Sie so weiter, und schnell werden Sie alle Ziffern unvergesslich behalten und zuverlässig übersetzen.

Tipp

Konsonanten, die für keine Ziffer stehen (*h* und *x*), können benutzt werden, bedeuten aber wie die Vokale keine Ziffer. Für die 21 ergeben sich weitere Begriffe *Naht*, *Hand* und *Hund* – ebenso die *Einheit*.

Wörter bilden Sie aus kürzeren oder längeren Ziffernfolgen – ganz wie Sie wollen: So können Sie aus der 321 entweder die Kombination *Oma*, *Huhn* und *Tee* machen – was etwas zu aufwändig ist – oder die *Oma* und die *Einöde*. Optimal in der Anwendung ist das Majorsystem aber, wenn Sie möglichst viele Ziffern in einem einzigen Wort unterbringen. Mit ein wenig Überlegen haben Sie die Qual der Auswahl: *Monat*, *Mond*, *Minute* und *Mund* – alles 321.

Aufgabe

Nehmen Sie sich Ihre eigene Telefonnummer vor und arbeiten Sie gegen die Statistik der oben erwähnten Studie. Sie sollten mindestens Ziffern-Zweierpacks in Majorbegriffe umwandeln – seien Sie nicht entmutigt, wenn es am Anfang länger dauert. Das Majorsystem braucht ein wenig Übung.

Trainieren im Rückwärtsgang

Wenn Sie schnell sicher im Umgang mit dem Majorsystem werden wollen, dann üben Sie rückwärts: Verwandeln Sie ein beliebiges Wort in die entsprechende Zahl. Straßen- und Firmennamen, Telefonbücher, Wörterbuch, dieses Buch. Übrigens: *Buch* ergibt die Zahl *96* und hinter der Überschrift dieses Kapitels steckt die einfache Rechnung 2 + 6 = 8.

Wie lange war Margaret Thatcher im Amt? Auf die Frisur als Softeis haben wir eine *Kappe* geklebt und sie schaute *böse*. Einfach, oder? Erinnern Sie sich an den Romantitel mit Zahl von Ray Bradbury? *Fahrenheit …?* Bradbury hat den Titel gewählt, weil Papier bei einer Temperatur von 451 Grad Fahrenheit brennt – denken Sie dabei zum Beispiel daran, dass das Papier *uralt* ist oder so hart und trocken wie eine *Roulade*. Bei der Temperatur schaut Kapitän *Nemo* wie eine *Oma*, dann haben Sie gleichzeitig den Wert in Grad Celsius im Kopf. Und wie ist der Zustand des weißen Hauses im Film

Casablanca? Erinnern Sie sich an die *Ruine*, dann haben Sie auch den Schlüssel für das Drehdatum des Streifens richtig im Kopf.

Prinzip Zitrone – Königsklasse

Suchen Sie für eine Zahl so viele Begriffe wie möglich. Mit mehreren Personen können Sie daraus ein Spiel machen, das auch hervorragend den Wortschatz trainiert: Jeder Spieler muss versuchen, innerhalb einer Minute so viele Begriffe für eine Zahl zu finden wie möglich. Für jeden richtigen Begriff gibt es einen Punkt, für jeden falschen wird ein Punkt abgezogen. Hier eine Auswahl für die Null: Aas, As, ASA (Abk. f. Filmempfindlichkeit in der Fotografie), Asia, Asse, ASU (Abk. f. Abgassonderuntersuchung bei Kraftfahrzeugen), aus, Eis, es, Esau (bibl.), Essay, Esse, Hase, Hass, Haus, haushohe, heiß, heize, hieß, hohes, Hose, Oase, Öse, Ossi, Ouzo, Säue, sah, Sau, See, sei, sie, siehe, so, USA, Uzi (israelische Maschinenpistole), zäh, Zeh, ziehe, Zoo, zu. Tolles Training sind vor allem die einstelligen Majorbegriffe (eine ausführliche Tabelle aller einstelligen Begriffe als kleine Hilfestellung im Internet unter http://www.humboldt.de/url/48144).

Einstellige Majorbegriffe

Haben Sie Begriffe und Bilder für die Spielzeugtiere oben gefunden? Die Schildkröte ist alt wie eine *Oma* und schwerfällig wie ein *Stein*. Erledigt! Der Berner Sennenhund macht sein Geschäft an einem *Baum*, der danach unter *Schock* steht. Das Zebra spielt eine (gestreifte) *Geige* und merkt nicht, dass es in eine *Rille* tritt. Jetzt sind Sie dran! Und vergessen Sie nicht, die Preisgruppen mit einzubauen!

Auflösung

Weiterführende Übung

Kennzeichen von Autos sind das ideale Trainingsgerät für das Majorsystem. Verwandeln Sie Nummern parkender Wagen beim nächsten Spaziergang in Majorbegriffe um. Versuchen Sie, die gefundenen Begriffe mit dem Auto zu verbinden – und testen Sie auf dem Rückweg, ob Sie sich alles gemerkt haben. Kataloge, die vollgestopft sind mit technischen Daten, stellen tolle Spielplätze dar, um das Majorsystem zu üben. Technische Daten von Autos sind eine ganz andere Herausforderung: Mehr Fakten, weniger Produkte – auch einen Merk-Versuch wert.

Weiterführende Übung

Verwandeln Sie diese technischen Daten von Dinosauriern in merkbare Bilder:

- Diplodocus, Länge 27 Meter, Höhe 15 Meter
- Pteranodon, Spannweite bis 12 Meter, Gewicht 20 Kilogramm
- Deinonychus, Länge bis 4 Meter, Höhe bis 2 Meter
- Stegosaurus, Länge bis 9 Meter, Höhe bis 4 Meter
- Brachiosaurus, Länge bis 25 Meter, Höhe bis 15 Meter

Hochgeschwindigkeits-Zahlen-Merken

Bauen Sie in Ihrem Kopf eine Sammlung fester Majorbegriffe für alle zweistelligen Zahlenkombinationen auf. Diese helfen Ihnen in Situationen, wenn es schnell gehen muss mit dem Merken: Zum Beispiel wenn jemand Ihnen am Telefon seine Nummer durchsagt. Aber halten Sie sich den Kopf auch für andere Begriffe offen und spielen Sie so oft wie möglich mit jeder Art von Zahlen und Ziffern, denn Kreativität ist der Schüssel zu einem richtig guten Gedächtnis.

Kopfstand: Verbildern rückwärts

Unser Kopf lernt Bilder ähnlich wie Gesichter – in festgelegter Lernrichtung. Wir neigen dazu, den einfachen Weg zu lernen und uns nicht mit Details zu beschäftigen. Wenn Sie eine Flagge sehen, ist es kein Problem für Sie, das jeweilige Land zu nennen. Aber der umgekehrte Weg und die intensive Beschäftigung mit den Bildern bringen den Kopf in Schwung und hilfen in vielen Fällen, zuverlässiger und mehr zu merken.

Aufgabe

Prägen Sie sich die Flaggen aller Länder der Erde ein. Benutzen Sie für den Einstieg die Tabelle im Kapitel Merk-Zwischenstopp (S. 119). Und zwar so, dass Sie nicht nur alle Flaggen wiedererkennen, sondern präzise beschreiben und sogar aufzeichnen können.

Die Erfindung von Sprache, Schrift und Zahlen ist nützlich für die Kommunikation zwischen den Menschen. Aber unser Kopf bevorzugt vor allem Bilder, um sich Dinge zu merken. Umgekehrt, akzeptieren Augen und Gehirn Bilder so, wie sie gesehen werden. Diese Art von Information wird nicht in Sprache übersetzt. Entsprechend untrainiert ist unsere Fähigkeit, Bilder zu kreieren.

Wie beim Merken von Namen und Gesichtern kann es ein Vorteil sein, sich genauer mit unbeschreiblichen Fakten zu beschäftigen: Wenn wir ein besonderes Merkmal in einem Gesicht gefunden haben, bietet das die Möglichkeit, einen Namen daran zu hängen. Ein zweiter Vorteil des genauen Betrachtens ist die Verbesserung der Aufmerksamkeit. Meist sehen wir einen Gegenstand, erkennen ihn und haken das Bild geistig ab. Kennen Sie die Flagge von Großbritannien? Sicher? Aber schauen Sie sich den Union Jack genau an: Ist Ihnen aufgefallen, dass die roten Linien nicht symmetrisch auf den weißen Linien liegen? Ohne Vorlage wird diese Flagge fast immer falsch skizziert!

Obwohl das Wiedererkennen von Bildern die große Stärke des Kopfes ist, müssen wir bei komplexen grafischen Informationen sogar nachhelfen, um uns diese merken zu können.

Auflösung

Beginnen Sie mit der Analyse der Flaggen. Schauen Sie eine Liste mit allen Länderflaggen durch, zum Beispiel bei Wikipedia unter http://de.wikipedia.org/wiki/Liste_der_Nationalflaggen. Verschaffen Sie sich zuerst einen Überblick. Was ist bekannt? Was ist leicht oder besonders schwer zu merken? Grün, grün, grün und nichts als grün ist die Flagge von Libyen. Das ist schnell gemerkt, denn die Flagge ist die einzige einfarbige Nationalflagge. Grün ist die Farbe des Islam – die Staatsreligion des Landes. Haben Sie eine zuverlässige Verbindung zwischen Kinderlied und der Flagge gefunden? Als Ergänzung: Ein echter Merk-Knüller ist der offizielle (arabische) Name des Landes: al-Dschamāhīriyya al-arabiyya al-lībiyya asch-schabiyya al-ischtirākiyya al-uzma.

Tipp

Es ist besser, nicht einfach draufloszulernen, sondern genau zu analysieren, was sich sinnvoll zusammendenken lässt. So wird die Welt der Flaggen zum visuellen Dorf. Und wechseln Sie regelmäßig die Technik: Wollen Sie die Flagge mit Sehenswürdigkeiten des Landes kombinieren? Mit der Form des Landes auf der Landkarte? Mit Schlüsselbegriffen, die gar nichts mit dem Land zu tun haben? Probieren Sie ein paar Techniken aus, bis Sie gute und unterschiedliche Ansätze gefunden haben.

Weiterführende Übung

Lockerungsübung: Prägen Sie sich Positionen von Besteck und Geschirr eines festlichen Tischgedecks ein. Erweitern Sie die klassische Eselsbrücke mit dem MesseR rechts und GabeL links. Kleiner Hinweis zur Abbildung: Das Besteck wird von außen nach innen aufgenommen, wobei der mittlere Satz das Fischbesteck ist. Bei den

Gläsern beginnt das Trinken beim Wasserglas, Sherryglas, Gläser für Weiß- und Rotwein und den Champagner zum Dessert.

Das Merken von Bildern ist hervorragendes Training für den Kopf. Es aktiviert das Gehirn, verbessert die Aufmerksamkeit, schult Auge und Ausdrucksvermögen. Außerdem gibt es jede Menge Stoff, der sich auf diese Weise ausgezeichnet merken lässt.

Hier ein paar Beispiele, mit denen Sie Ihre Merkfähigkeiten weiter trainieren können:

Weiterführende Übung

- Erkennen Sie die Länder der Welt an ihrem Umriss? Finden Sie jedes Land auf einer Weltkarte? Vervollständigen und erweitern Sie Ihr geographisches Weltwissen.
- Werfen Sie einen Blick auf den Nachthimmel. Sind Ihnen die Sternbilder geläufig?
- Die Beherrschung von Schifferknoten gehört zur Seemannsausbildung – die Knoten sind aber auch eine gute Merkübung.
- Versuchen Sie sich an schottischer Familiengeschichte und merken Sie Muster von Tartans inklusive der Clan-Namen.

- Übertragen Sie die Darstellung von Molekülen direkt aus dem Chemieunterricht in Ihr Gehirn (Abbildung unten).

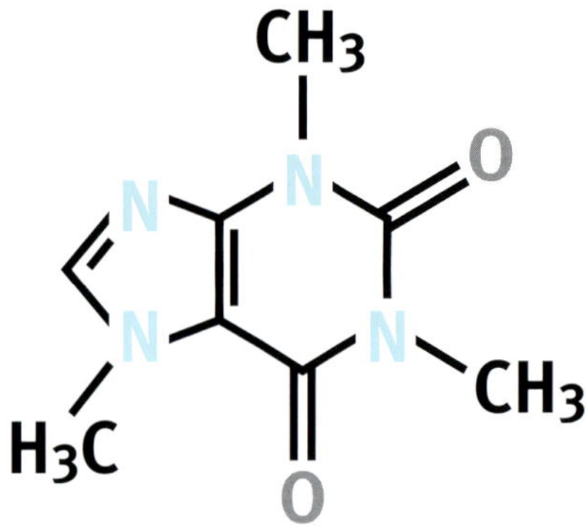

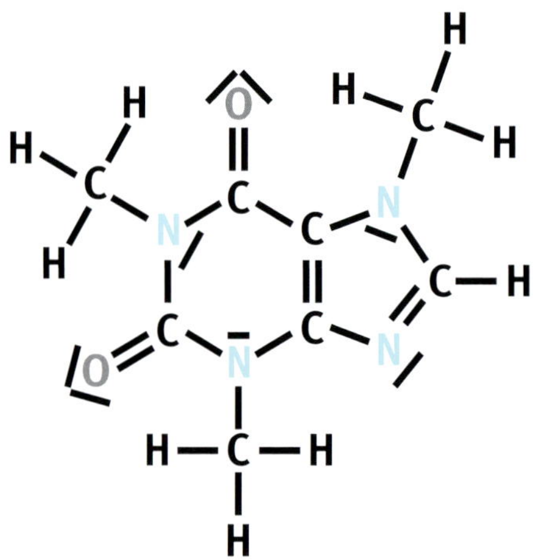

- Ein Klassiker aus dem Biologieunterricht und gut geeignet für den nächsten Waldspaziergang: Lernen Sie Blätter und Bäume kennen und bestimmen. Und wenn Sie schon draußen sind: Gut zum Üben sind auch Bestimmungsbücher von Schmetterlingen (schauen Sie bei http://www.schmetterling-raupe.de).

Und noch eine eher leichte Übung für Kulturfreunde: Lernen Sie die Bezeichnungen der Stile antiker Säulen: Toskanisch, dorisch, ionisch, korinthisch. Und fertigen Sie von den Säulen eigene Zeichnungen an – natürlich aus dem Kopf! Anschließend machen Sie mit Baustilen weiter. Eine gute Stilkunde finden Sie im Internet unter: http://www.humboldt.de/url/48146.

Baustilkunde

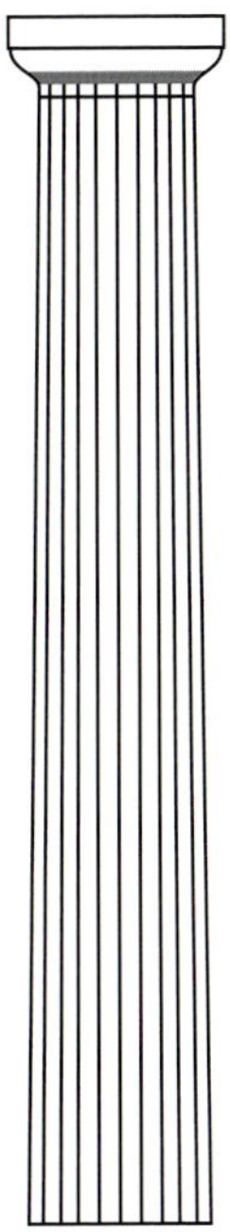

Dorische Säule

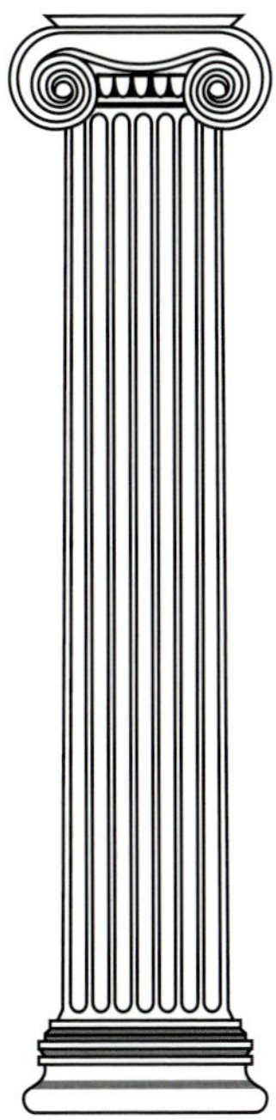

Ionische Säule

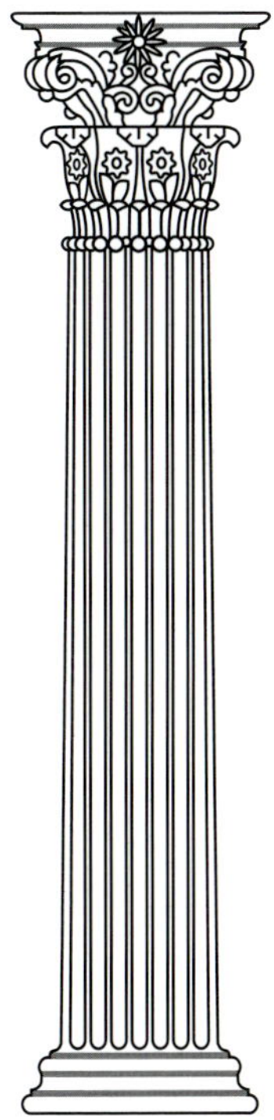

Korinthische Säule

Worte für das Unbeschreibliche finden

Spezialisten für Geschmack oder Geruch können süß, salzig und bitter nicht nur präzise voneinander unterscheiden, sondern teilen ihre Sinneswahrnehmungen in bis zu 20 Stufen ein. Dahinter verbergen sich: Aufmerksamkeit, Konzentration und eine Menge Erfahrung. Trainieren Sie neben dem Adlerauge auch Ihre anderen Sinne. Vor allem in der Musik gibt es eine Menge zu lernen: Finden Sie eine Merktechnik, um klassische Werke zuverlässig im Kopf zu behalten und zu erkennen. Und: Wussten Sie, dass die Anfangstöne von Beethovens Fünfter Symphonie (zufällig) mit dem Morsecode für den Buchstaben *V* identisch sind? Im Zweiten Weltkrieg war das die Erkennungsmelodie des Britischen Radios (BBC) und das *V* wurde als *Victory* (Englisch für *Sieg*) interpretiert.

Unaussprechlich

Mit der Schlüsselwortmethode können die meisten Vokabeln geknackt werden – sofern Sie eine Sprache lernen wollen, die dem Deutschen mehr oder weniger ähnlich ist. Aber was tun, wenn eine Sprache ganz besonders fremdartig ist? Die beste Antwort ist auch hier: Legen Sie einfach den Rückwärtsgang beim Verbildern ein!

Aufgabe

Prägen Sie sich die 163 am häufigsten verwendeten chinesischen Schriftzeichen ein. Für den Anfang sehen Sie nachfolgend die zehn häufigsten Zeichen.

的

1. de/di – sein, ihr

一

2. yi – eins

是

3. shi – sein

不

4. bu – nein

了

5. le, liao – etwas beenden/erledigen

人

6. ren – Mensch, Person

我

7. wo – ich

在

8. zai – auf, bei, in

有

9. you – existieren, haben, es gibt

他

10. ta – er

Die allererste Frage, die Sie sich vor dem Lernen grundsätzlich und immer stellen sollen: Warum soll ich das lernen? Ein guter Grund: Chinesisch ist tatsächlich eine leicht zu lernende Fremdsprache! Einerseits ist sie fast frei von Grammatik und andererseits kommen Sie mit sehr wenigen Schriftzeichen extrem weit. Damit erklärt sich auch die Zahl in der Aufgabe: Mit 163 Zeichen können Sie bereits 50 Prozent eines durchschnittlichen Textes lesen! Mit 1100 Zeichen erreichen Sie 90 Prozent Verständnis. Mit 1400 Zeichen gelten Sie in China nicht mehr als Analphabet und mit 2800 Zeichen haben Sie das fast vollständige Verständnis von 99 Prozent erreicht. Danach kommen nur noch Zeichen-Spezialitäten.

Link

Die ausführlichste Liste mit 3000 Schriftzeichen – nach Häufigkeit sortiert – finden Sie im Internet unter http://www.humboldt.de/url/48147 (Englisch).

3000 chinesische Schriftzeichen

Damit haben Sie bereits das chinesische Vokabellernen voll und ganz erledigt. Ein gutes Deutsch-Chinesisches Wörterbuch finden Sie unter http://www.chinaboard.de/chinesisch_deutsch.php.

Aufgabe

Kleiner Exkurs: Bevor wir uns dem ersten Zeichen widmen, versuchen Sie, eine Merktechnik für Zählweisen in anderen Sprachen zu finden. Wenn Sie die folgende Tabelle betrachten, wird Ihnen auffallen, dass Sie unbedingt die jeweilige Sprache mit einbauen sollten, sofern Sie alle Zahlzeichen auf einmal merken. Außerdem sind die Zeichen so knapp, dass Sie ohne Zwischenschritt nicht verbunden werden können. Der visuelle Umweg, mit Hilfe eines zusätzlichen Bildes zu merken, wird *Schlüsselbildmethode* genannt – das Vorgehen ist identisch wie bei der Schlüsselwortmethode.

Europäisch	0	1	2	3	4	5	6	7	8	9
Arabisch-Indisch	٠	١	٢	٣	٤	٥	٦	٧	٨	٩

Auflösung

Wenn die Null im Zahlen-Symbol-System ein *See* ist, dann stellen Sie sich diesen in den heißen arabischen Ländern ganz eingetrocknet vor, dass er nur so groß ist wie ein Punkt. Sie merken die Null also mit Hilfe des Schlüsselbilds *See*. Die 3 ist im Symbol-System eine *Gabel*, mit der Sie in viele Richtungen stechen können. Im Arabischen stechen Sie nach oben (das *A* im Wort *Arabisch* zeigt Ihnen die Richtung wie ein Pfeil an). Wird zusätzlich nach vorne gestochen (in Leserichtung), verdoppelt sich die 3 zur 6. Und im Arabischen ist das Nach-oben-Stechen so anstrengend, dass bei der 4 die 3 abgestellt wird.

Α α	Alpha	**Ν ν**	Ny
Β β	Beta	**Ξ ξ**	Xi
Γ γ	Gamma	**Ο ο**	Omikron
Δ δ	Delta	**Π π**	Pi
Ε ε	Epsilon	**Ρ ρ**	Rho
Ζ ζ	Zeta	**Σ σ**	Sigma
Η η	Eta	**Τ τ**	Tau
Θ θ	Theta	**Υ υ**	Ypsilon
Ι ι	Jota	**Φ φ**	Phi
Κ κ	Kappa	**Χ χ**	Chi
Λ λ	Lambda	**Ψ ψ**	Psi
Μ μ	My	**Ω ω**	Omega

Weiterführende Übung

Wenn Sie mit dem Zählen fertig sind, erledigen Sie Griechisch (vorige Tabelle) und Kyrillisch (Russisch) zumindest schriftlich. Das ermöglicht Ihnen den Zugang zu zwei weiteren Sprachen – und trainiert ganz nebenbei Ihre Fähigkeiten, Merktechniken routinierter anzuwenden.

А а	A	**Р р**	R
Б б	B	**С с**	S hart
В в	W	**Т т**	T
Г г	G	**У у**	U
Д д	D	**Ф ф**	F
Е е	JE	**Х х**	CH
Ё ё	JO	**Ц ц**	Z
Ж ж	SCH weich	**Ч ч**	TSCH
З з	S weich	**Ш ш**	SCH
И и	I	**Щ щ**	SCHTSCH
Й й	J	**Ъ ъ**	stumm
К к	K	**Ы ы**	Y
Л л	L	**Ь ь**	stumm
М м	M	**Э э**	Ä
Н н	N	**Ю ю**	JU
О о	O	**Я я**	JA
П п	P		

Hätten Sie es gewusst? Fremdsprachen in der eigenen Mundart werden leichter gelernt

Forscher der Universität von Haifa haben herausgefunden, dass Sprachen leichter gelernt werden, wenn die Lehrer keine Muttersprachler sind, sondern als Muttersprache die gleiche Sprache wie die Schüler sprechen. Dadurch verstehen die Schüler die Aussprache besser und können so die neue Sprache leichter lernen. Achten Sie also genau darauf, mit welcher Sorte Lehrer Sprachschulen Werbung machen!

Zurück in den Fernen Osten und zuerst die gute Nachricht: Viele Zeichen der chinesischen Schrift haben den Ursprung im Bild. Unten sehen Sie die Abbildungen von ein paar so genannten Piktogrammen und die heutigen Zeichen.

Auflösung

Piktogramm	Schriftzeichen	Bedeutung
	豸	**Katze**
	屮	**Keim**
	酉	**Amphore**

Die nicht so gute Nachricht: Viele Zeichen sind im Laufe der Zeit so stark verändert worden, dass die Bedeutung nicht mehr zu erkennen ist. Ihre Aufgabe ist es, den Veränderungsprozess rückgängig zu machen und in jedem Zeichen ein Bild zu sehen. Vielen Zeichen ist ihre Bedeutung beim ersten Blick anzusehen. Unten sehen Sie ein paar Beispiele, wie viel Symbolik in der chinesischen Schrift steckt:

Auflösung

Hier nun ein paar Hinweise für die chinesischen Top 10 der Schriftzeichen: Der *Mensch rennt* mit *großen Schritten* voran. Damit wäre Nummer sechs erfolgreich verbildert (Schreibweise, Übersetzung und Aussprache). Sonst zeigt keines der übrigen neun Zeichen deutlich, was für ein Begriff sich hinter Strichen und Punkten verbirgt. Sie sollten so lange hinsehen, bis Sie etwas in den Zeichen erkennen, auch wenn das nicht direkt zur Übersetzung führt, aber sich als Schlüsselbild benutzen lässt, um eine Brücke zwischen Zeichen und Bedeutung zu schlagen.

Nummer eins wird – beim längeren Hinsehen – zu einem Jungen, der eine Getränkedose mit langem Finger öffnet und sagt: *Dees gehört Dir!* Nummer zwei stürzt sich freudig vorwärts, so dass das Zeichen flach auf dem Boden liegt, und schreit Yippie! Die Ähnlichkeit zur (liegenden) Ziffer eins ist eindeutig. Eine Hand, die auf einem Gegenstand liegt und damit zeigt, dass dieser Gegenstand *existiert* – das können Sie in Zeichen Nummer neun entdecken, wenn Sie richtig hinsehen.

Sollten Sie sich intensiver mit dieser Sprache beschäftigen wollen, dann sind Sie auf dem richtigen Weg. Damit Sie aber nicht doppelt, dreifach und immer wieder von vorne anfangen müssen, bauen Sie sich saubere und vor allem vollständige Merkbrücken zu jedem Zeichen. Darin enthalten sollten folgende Informationen sein:

- Zeichen und Bedeutung (Übersetzung)
- Aussprache (nicht ganz unwichtig im Chinesischen)
- Schreibweise (Abfolge der Striche)

Link

Mehr als ein chinesisches Wörterbuch finden Sie im Internet unter http://www.mdbg.net/handedict/(englisches Suchformular, Suchergebnisse auf Deutsch). Dort gibt es zu jedem Zeichen Informationen, aus welchen anderen Zeichen es zusammengesetzt ist, wie es ausgesprochen wird sowie Beispielsätze.

Tipp

Wenn Sie für die ersten zehn Zeichen eine Viertelstunde oder länger gebraucht haben, ist das alles andere als langsam! Denken Sie daran: Wenn Sie es richtig machen, dann müssen Sie nur einmal lernen – auch wenn dieses eine Mal viel länger dauert als ein rascher Blick (der tausendmal wiederholt werden muss). Mit dieser Art zu lernen laden Sie wesentlich mehr in Ihren Kopf als durch die schlichte Reiz-Reaktions-Beziehung, die beim herkömmlichen Vokabellernen von Schülern immer und überall praktiziert wird.

Rechnen Sie aber damit, dass Sie bei schweren Zeichen ein paar Tage tüfteln, bis Sie eine gute Lösung finden.

Wahl der Worte: Chinesisch oder doch Englisch?

Chinesisch wird heute als die Sprache der Zukunft gehandelt, weil die meisten Menschen auf der Welt diese Sprache sprechen.

Robert H. Frank und Philip J. Cook zeichnen in ihrem faszinierenden Buch *The Winner-Take-All Society* folgendes Bild (übersetzt): „Wenn ein argentinischer Pilot in der Türkei landet, spricht er mit dem Bodenpersonal Englisch." Englisch ist nach Frank und Cook die Hauptsprache in zwölf und Amtssprache in 33 Ländern.

In mindestens 56 weiteren Ländern wird Englisch intensiv an Schulen gelehrt. Mehr als einer von sieben Menschen auf der Welt spricht Englisch als Erst- oder Zweitsprache.

Und mehr als 80 Prozent der auf Computern gespeicherten Informationen sind in englischer Sprache.

Außerdem ist Englisch Standard in der internationalen Wirtschaftswelt. So weit die Statistik! Sie sollten genau überlegen, welche Sprache Sie lernen wollen.

Weiterführende Übung

Eine spannende Alternative zu fremdartigen Zeichen ist eine ganz spezielle Sprache: die Gebärdensprache. Zum Einstieg in diese außergewöhnlich lebendige Art der Kommunikation beginnen Sie mit den beiden geläufigen Handzeichen-Alphabeten:

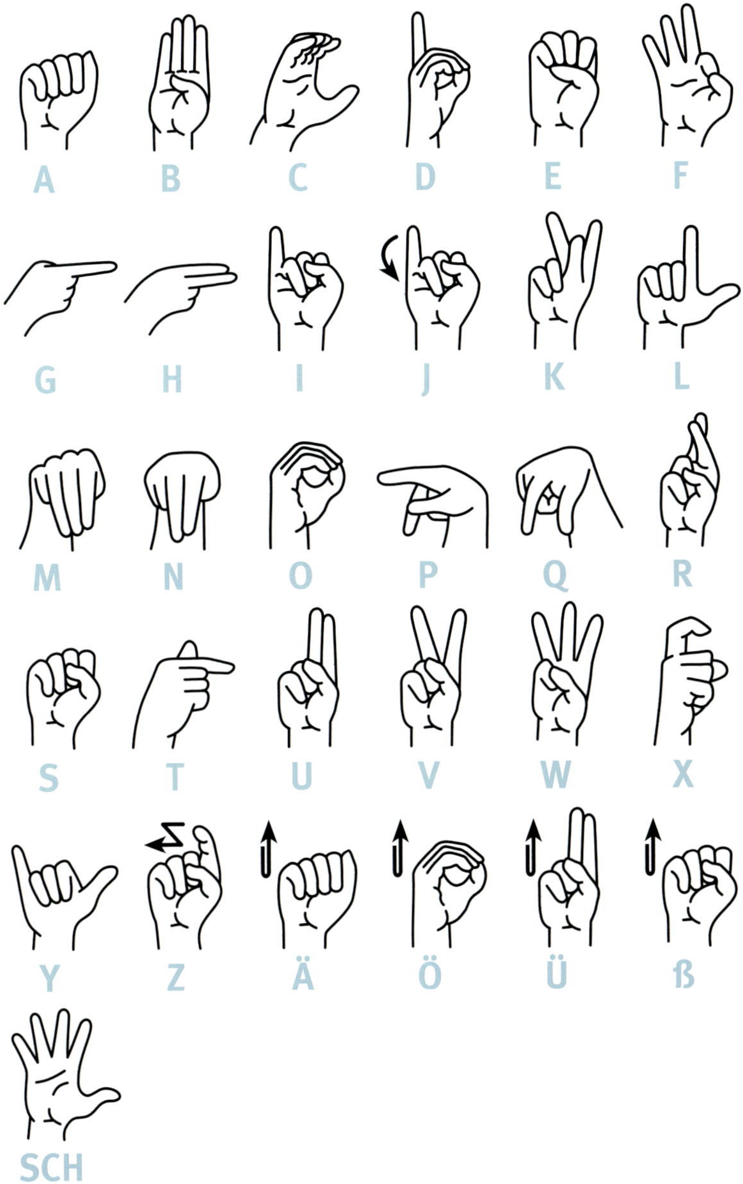
A
B
C
D
E
F
G
H
I
J
K
L
M
N
O
P
Q
R
S
T
U
V
W
X
Y
Z
Ä
Ö
Ü
ß
SCH

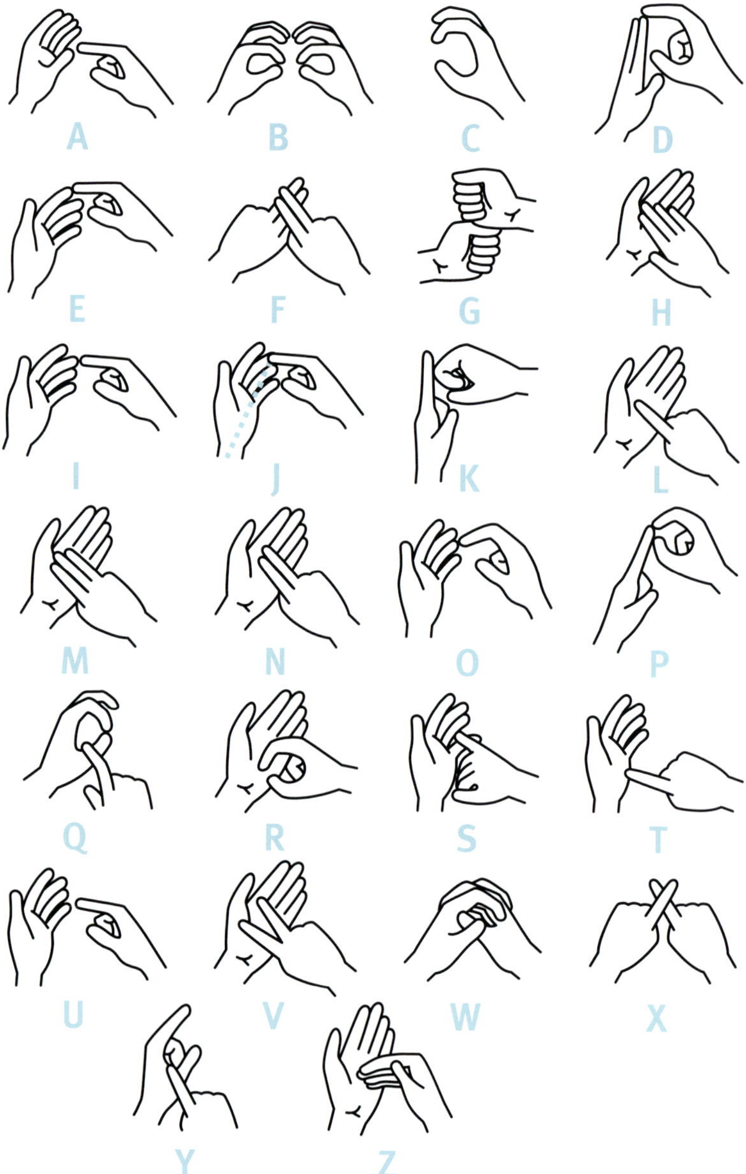
A
B
C
D
E
F
G
H
I
J
K
L
M
N
O
P
Q
R
S
T
U
V
W
X
Y
Z

Weiterführende Übung

Lernen Sie rückwärtssprechen – eine Herausforderung nur für die Ohren und damit gutes Training für einen anderen Sinn jenseits alles Sichtbaren.

Schauen Sie sich diese verdrehte Vorführung der deutschen Nationalhymne im Internet auf YouTube an:
http://www.humboldt.de/url/48151 oder den Klassiker Alle meine Entchen unter http://www.humboldt.de/url/48152. Wie das gemacht ist: Genau hinhören und Laut für Laut lernen.

Rückwärtssprechen: Nationalhymne

Feuer ohne Rauch und Hitze

Dr. Henry Jones erklärt im dritten Teil der Indiana-Jones-Saga seinem Vater in einer Szene, aus welcher Richtung sich Angreifer nähern, indem er – statt Himmelsrichtungen oder Gradzahlen zu nennen – die Umgebung in das Ziffernblatt einer Uhr verwandelt. „Elf Uhr, Vater!“ Allerdings versteht der Vater das nicht und teilt seinem Sohn mit, dass dies nicht die korrekte Uhrzeit sei.

Aufgabe

Mischen und teilen Sie ein Kartenspiel in zwei gleich große Stapel und merken Sie sich, welche Karten in welchem Stapel liegen.

Diese Aufgabe lässt sich – so schwer das auf ersten Blick aussehen mag – tatsächlich mit allen bereits erklärten Basistechniken lösen.

In diesem Kapitel werden Sie zwei weitere Denk-Spielarten kennen lernen, mit denen Sie Informationen noch leichter in Bilder verwandeln können und Sie werden diese Bilder im Kopf ein wenig verändern, um die Karten fehlerfrei auf den linken und rechten Stapel zu sortieren.

Bunt beklebt

Experiment

Die Spielkarten-Übung wird einfacher, wenn Sie statt der Karten eine Zeitschrift (mit möglichst vielen Fotos darin) zerreißen und die einzelnen Seiten benutzen. Wichtig ist für dieses Experiment, dass Sie die Zeitschrift nicht gelesen oder durchgeblättert haben. Lösen Sie die Blätter von der Klebebindung und mischen Sie die Seiten. Dann teilen Sie in zwei Stapel und schauen Sie einen davon in Ruhe durch. Sehen Sie sich jede Seite für ein paar Sekunden genau an. Anschließend mischen Sie die Seiten wieder zusammen. Dann gehen Sie den Stapel noch einmal durch.

Bei dem Experiment wird Ihnen das Unterscheiden der Seiten leichtfallen, weil auf jeder Seite farbige und markante Bilder zu sehen sind – und genauso wie in der Bilder-Merkübung aus dem Kapitel *Von Sinnfragen und Spaßfaktoren* bereitet es dem Kopf keine Probleme, Bekanntes von Unbekanntem zu trennen. Wenn Sie wollen, dann wiederholen Sie das Experiment. Sie ahnen vermutlich, was passieren wird. Mit dem ersten Durchlauf haben Sie das mentale Etikett *schon gesehen* bereits vergeben und verbraucht.

Aufgabe

Schauen Sie sich die folgende Tabelle an. Welche Begriffe rechts stehen nicht auf der linken Seite?

Haus Liegestuhl Fußball T-Shirt Weinglas Salami Fenster Vase Drachen Burg Tür Schuh Rabe Pfeife Baum Uhr Kino Zug Matratze Geige Insel Apfel Schallplatte Butter Pinsel Konfetti Bär Schnur Karton Briefmarke Parkscheibe Würfel Maske Kissen Kreisel Ohrring Reh Hammer Schraube Waage Teppich Hantel Säge Kürbis Telefon Hut	Konfetti Maske T-Shirt Mütze Socke Fenster Ohrring Schraube Drachen Würfel Pfeife Zug Nadel Rabe Vase Salami Radio Kino Baum Hammer Telefon Park- scheibe Karton Burg Fußball Matratze Kreisel Boot Schuh Weinglas Zwiebel Hantel Schnur Geige Tür Insel Apfel Hut Kissen Briefmarke Liegestuhl Haus Kürbis Uhr Schallplatte Bauklotz Butter Pinsel Reh Waage Teppich Säge

Um das herauszufinden, könnten Sie mühsam vergleichen, aber es geht leichter: Beginnen Sie in der linken Spalte, stellen Sie sich jeden der Begriffe so lebendig wie möglich vor und verändern Sie das jeweilige Bild in Ihrem Kopf, indem Sie den Gegenstand mental zerstören. Lassen Sie das Haus einstürzen, zertrümmern Sie den Liegestuhl zu Sägespänen und so weiter. Wenn Sie alle Begriffe in ein Trümmerfeld verwandelt haben, lesen Sie die Begriffe in der rechten Spalte durch und schauen Sie, was in Ihrem Kopf passiert.

Weiterführende Übung

Suchen und finden Sie auch den Gegenstand, der auf der linken, aber nicht auf der rechten Seite steht – und zwar mit Hilfe von Merktechniken (Durchstreichen strengstens verboten!).

Bei der *Attribution* werden Gegenstände mit bestimmten Eigenschaften markiert. Im Alltag lässt sich diese Methode einsetzen, um Aufgaben von To-do-Listen zu streichen. Wenn Sie eine Rechnung bezahlt haben, dann fackeln Sie das Papier in Ihrer Vorstellung ab.

Dieses mentale Abhaken ist ebenfalls nützlich, wenn Sie auf Reisen gehen: Alles, was Sie in Ihren Koffer packen oder ins Auto laden, wird mit einer bestimmten Eigenschaft belegt. Wenn Sie im Flugzeug sitzen oder auf der Autobahn fahren, werden Sie wissen, ob Frau, Kinder und Hund tatsächlich im Auto sitzen. Außerdem können Sie versuchen, das Experiment mit den Zeitschriftenseiten mit Hilfe des Zerstörens zu wiederholen.

Genauso können Sie Dingen andere Eigenschaften zuweisen: Bauen Sie die Parteizugehörigkeit als Farbe in die Vorstellung von einem Politiker ein oder die Preisklassen der Plastiktiere aus dem Lernbeispiel weiter oben. Ein Gebrauchtwagenverkäufer hat sich auf die Weise gemerkt, welche Eigenschaften die Autos auf seinem Parkplatz haben: Modelle mit Sechszylindermotoren wurden zur Kulisse für Sex im Auto und die Wagen mit Allradantrieb bekamen in Gedanken entweder brennende, qualmende oder besonders große Räder angedacht. Und Dieselmodelle wurden in Gedanken mit dem Etikett *verschmiert* beklebt.

Link

Diese Technik und ein Experiment können Sie sich bei YouTube als Video ansehen: http://www.humboldt.de/url/48153.

Attribution: Technik und Experiment

Auflösung

Um die zweite Aufgabe erfolgreich zu lösen, brauchen Sie eine neue Eigenschaft, mit der Sie alle Begriffe auf der rechten Seite der Tabelle bekleben können. Danach gehen Sie einfach alle Begriffe auf der linken Seite durch und werden vor Ihrem geistigen Auge sehen, welchem Begriff dieses Etikett nicht anhaftet.

Weiterführende Übung

Probieren Sie die gleiche Aufgabe diesmal mit Zahlen: Welche Zahlen stehen nur auf der rechten Seite der Tabelle? Und welche Zahl steht nur links?

43, 59, 7, 79, 17, 67, 31, 97, 19, 23, 61, 29, 47, 53, 73, 2, 83, 41, 37, 5	17, 79, 67, 41, 23, 31, 7, 83, 47, 53, 37, 5, 61, 13, 71, 2, 73, 29, 3, 89, 97, 11, 43, 19

Weiterführende Übung

Und wenn Sie alle Zahlen in beiden Spalten zum Schluss noch mit dem gleichen Attribut versehen, dann haben Sie alle ein- und zweistelligen Primzahlen erfolgreich im Kopf.

Denk-Standards

Sie wissen, in welcher Stadt Ihre Freunde wohnen. Entsprechend werden Sie sich nicht die Vorwahl der Telefonnummer eines Freundes merken müssen, der in München, Hannover, Frankfurt, Hamburg oder Berlin zu Hause ist. Das gleiche Prinzip können Sie auf Vorwahlen von Mobilfunknummern anwenden. Es macht wenig Sinn, sich nach dem Majorsystem für die Ziffernfolge 0176 immer wieder einen oder sogar mehrere Begriffe auszudenken.

Aufgabe

Ersetzen Sie in Ihrer Vorstellung jede mobile Vorwahlnummer in ein Bild – und sparen Sie Gehirn-Speicherplatz beim Merken von Telefonnummern.

Anbieter	Vorwahlen
T-Mobile	0151, 0160, 0170, 0171, 0175
Vodafone	0152, 0162, 0172, 0173, 0174
E-Plus	0157, 0163, 0177, 0178
O_2	0159, 0176, 0179

Auflösung

Ein kritischer Blick auf die Ziffernfolgen und es ist klar, dass der Unterschied aller gezeigten Zahlen in den letzten beiden Ziffern liegt. Wenn Sie das Majorsystem beherrschen, lassen sich alle Vorwahlen mit zweistelligen Begriffen zuverlässig merken. Genauso können Sie sich für jede Vorwahl eine andere Eigenschaft ausdenken, mit der Sie die zu merkende Nummer etikettieren. In der (01)59 steckt der Majorbegriff *Lupe*. Verbildern Sie die danach folgende Nummer mit einer besonders winzigen Vorstellung, die Sie nur mit einer Lupe erkennen können. Bei (01)76 bauen Sie einen *Koch* mit in die Nummer ein (oder legen das Bild in einer *Küche* ab), bei 0179 eine *Kappe* und so weiter.

Statt die Komplexität von Fakten zu verringern, kann das Merken auch erleichtert werden, wenn umgekehrt die Komplexität erhöht wird. Denken Sie sich zurück zu den Preisgruppen der Plastiktiere und stellen Sie sich vor, Sie müssen tausend Tiere merken, die in nur vier Preisgruppen einsortiert sind. Irgendwann wird es mühsam und langweilig für das Gehirn, ständig die gleichen Farben auffällig in jedem Bild zu platzieren.

Um dem entgegenzuwirken, definieren Sie ein so genanntes *Mastersystem* für die Farben, also ein Thema pro Farbe, aus dem Sie unterschiedliche Bilder auswählen: *Grün* steht für die Kategorie *Natur*. Also das Bild für ein Tier in dieser Preisklasse wird mit einem *Baum*, *Busch* oder *Blumenstrauß* verbunden. Rot ist *blaurot*. Das Thema für diese Preisklasse ist der *Mensch*. Sie können bestimmte Personen oder Organe in die Bilder einbauen und finden immer wieder zurück in die rote Preisklasse. *Blau* lässt sich mit *Technik* und *gelb* mit *Lebensmitteln* thematisieren. Das Ergebnis: eine Farbe, aber immer andere, abwechslungsreiche Bilder. Ein Gewinn an Kreativität für das Merken!

Auflösung

Um die Spielkarten-Stapel voneinander zu unterscheiden, brauchen Sie mit Hilfe der Attribution nur einen Stapel durchzusehen und jede

Karte mit einem Etikett zu bekleben. Vorher sollten Sie jede Spielkarte in ein Bild übersetzen, um Karo drei, vier und fünf voneinander unterscheiden zu können und diese abstrakten Karten ebenfalls zuverlässig im Kopf zu behalten. Um die Motive der Spielkarten effektiv zu verbildern, benutzen Sie zunächst wieder ein Mastersystem: Damit werden aus 52 Karten zunächst 13 Karten in vier Themengebieten.

Hier ein Vorschlag für ein Übersetzungssystem der Farben:

- Herz = Mensch
- Karo = Zirkus
- Kreuz = Handwerker und Werkzeuge
- Pik = Natur

Dieses Mastersystem ist nicht aus der Luft gegriffen: Die Verbindung zwischen Herz und Mensch drängt sich auf. Das Pik-Zeichen sieht aus wie ein Baum. Das Karo könnte das Muster auf der Verkleidung eines Clowns sein. Und wer ist der König der Tiere (Natur)? Wer ist der Chef (König) im Zirkus? Wer der Leiter (König) einer Autowerkstatt? Und wer der König der Menschen? Die Figuren in einem Kartenspiel werden blitzschnell in Bilder verwandelt – von denen Sie genauso schnell zurück zur Karte finden werden. Auch die Zahlen lassen sich zügig und fehlerfrei in Bilder übersetzen. Benutzen Sie dafür das Zahlen-Symbol-System: Eine Brille wird der Herz 8 zugeordnet. Eine Kette der Kreuz 8. Jonglierbälle der Karo 8 und zu guter Letzt ein schwarzer Schneemann der Pik 8.

Jetzt sind Sie dran: Finden Sie Bilder für alle Spielkarten und probieren Sie, ob Sie die Aufgabe vom Anfang des Kapitels erfolgreich meistern.

Weiterführende Übung

Um Ihre Fähigkeiten beim Etiketten-Kleben weiter zu trainieren – und auch den Umgang mit dem Spielkarten-Mastersystem – machen Sie die Aufgabe nicht einmal, sondern mehrfach, und belegen Sie die Bilder mit unterschiedlichen, immer neuen Attributen!

Masse ist klasse

Ihr Gehirn ist bereit für das Telefonbuch: Während im ersten Teil Verfahren zum Einprägen von einzelnen Informationen erklärt und geübt wurden, geht es nun um das Merken von besonders vielen Informationen – auch in kurzer Zeit, wenn es schnell gehen muss, wie zum Beispiel in einer Vorlesung, in einer Besprechung und wenn Sie nichts zum Schreiben dabei haben.

Das Erinnern von Wissen nach dem Lernen wird in zwei Grundformen unterschieden:

- **Reiz und Reaktion:** Die klassische Prüfungssituation, wenn jemand eine Frage stellt, also einen Reiz vorgibt, und das Gehirn sucht, womit das jeweilige Stichwort verbunden sein könnte. Diese Form des Erinnerns stellt mehr als 90 Prozent aller Wissensabrufe dar, aber ist von der Gehirnleistung mit dem Stöckchenwerfen bei Hunden vergleichbar.
- **Wiedergabe komplexer Informationen:** Bei dieser Form muss das Gehirn Wissen ohne die Hilfe eines unmittelbaren Reizes aus dem Kopf zaubern. Haben Sie die Bilder-Übung aus dem Kapitel *Von Sinnfragen und Spaßfaktoren* oder das Experiment mit den Magazinseiten in Kapitel *Bunt beklebt* gemacht? Das Wiedererkennen ist kein Problem, wenn ein Reiz vorgegeben wird. Extrem schwierig sind diese Aufgaben jedoch, wenn Sie die Bilder ohne geistige Stütze wiedergeben sollen.

Genau das werden Sie jetzt lernen – und es ist viel leichter, als Sie vielleicht erwarten.

Statistisch gesehen kann das Gehirn nur sieben plus minus zwei abstrakte Fakten für wenige Minuten im Kopf behalten. Auch für Menschen, die sich tausende von Ziffern merken, gilt diese Merkgrenze. Der Unterschied liegt darin, dass Merktechniker anders merken, anders erinnern und damit die magische Nummer sieben geschickt umgehen und weit überschreiten.

Experiment

Spielen Sie *Ich packe meinen Koffer*. Beobachten Sie, wie viele Gegenstände die Mitspieler sich im Durchschnitt merken können. Sie werden vermutlich den oben genannten Wert von sieben Fakten treffen.

Die Technik, um tausende von Informationen zu merken, haben Sie bereits im Kopf. Aber mit dem Verbildern von Informationen ist das Problem der Masse nicht ganz bewältigt. Die Lösung: Statt auf gezielte Nachfragen zu warten, werden die Reize zum Abruf gleich im Gehirn mit den Informationen verbunden. So braucht der Kopf nicht darauf zu warten, dass jemand eine gezielte Frage stellt. Dieses Vorgehen ist vergleichbar mit einem Ablagesystem, zum Beispiel einem Kleiderschrank, in dem wir genau wissen, wo Socken und Pullover liegen. Und tatsächlich funktionieren die so genannten *Netztechniken* wie Lagerregale. Vier solcher Methoden werden Sie in den nächsten Kapiteln kennen lernen.

Volles Haus: Römische Räume

„Raum ist in der kleinsten Hütte für ein glücklich liebend Paar.“
(Friedrich Schiller)

Die folgende Technik ähnelt dem *Verorten*, aber mit dieser Technik, die auch *360-Grad-Methode* oder *Forum Romanum* genannt wird, können Sie Ihre Umgebung systematisch mit extrem vielen Fakten vollstopfen.

Aufgabe

Merken Sie sich die Namen der sieben Zwerge. Da die kleinen Kameraden in der Originalversion der Brüder Grimm keine Namen haben, weichen wir auf die Disney-Verfilmung von 1937 aus. Dort heißen sie: *Chef*, *Happy*, *Schlafmütze*, *Pimpel*, *Hatschi*, *Brummbär* und *Seppel*.

Sie würden die Namen vermutlich in Bilder verwandeln und in einem Bündel verpacken. Sieben Fakten lassen sich problemlos mit Basistechniken bewältigen. Trotzdem wollen wir mit diesem übersichtlichen Beispiel einen etwas anderen Ansatz versuchen.

Die Basis für das Merken ist zuerst wieder das Verbildern, um aus den Namen greifbare Bilder zu machen. Dieses Vorgehen kombinieren Sie mit dem Verorten, aber anstatt die Zwerge ungeordnet in Küche oder Bad zu sperren, denken Sie sich an einem Ort Ihrer Wahl definierte Merkpunkte aus, die auffallend sind und auf denen die Zwerge der Reihe nach platziert werden.

Auflösung

Stellen Sie sich Ihr Badezimmer vor mit allen Gegenständen, die sich darin befinden. Bevor Sie ins Detail gehen, denken Sie bitte daran, dass Sie sich (nur) sieben Zwerge merken wollen, also wählen Sie sieben auffällige Dinge in Ihrem Badezimmer aus, zum Beispiel Waschbecken, Spiegel, Dusche, Badewanne, Toilette, Medizin-schrank und Handtuch. Sicher werden Ihnen mehr Dinge einfallen, aber im Augenblick genügen diese Gegenstände. Probieren Sie kurz aus, ob das tatsächlich Ihre Badezimmer-Favoriten sind.

Sie wissen, was jetzt zu tun ist? Verknoten Sie die Zwerge mit der Einrichtung. In der Tabelle unten können Sie sehen, welche Struktur Sie in Ihrem Gehirn mit dieser Methode aufbauen. Wenn Ihnen die Verbindungen nicht gefallen, dann denken Sie sich eigene aus! Ganz wichtig: Stellen Sie sich die Zwergen-Belagerung in Ihrem Badezimmer so lebendig und lustig wie möglich vor.

Merkpunkt	**Information**	**Verbindung (Bild)**
Waschbecken	Seppel	Er wäscht einen ganzen *Sack Äpfel* im Waschbecken.
Spiegel	Happy	Der Zwerg schaut sich an, während er wie ein Verrückter in den Spiegel *grinst.*
Dusche	Brummbär	... will Sänger werden und *brummt* in den Duschkopf, als wäre es ein Mikrofon.
Badewanne	Chef	Der *Chef* liegt mit einer *Krone* auf dem Kopf und einer Zigarre in der Hand in der Badewanne.
Toilette	Hatschi	... muss so stark *niesen*, dass die Brille davonfliegt und im Klo landet.
Medizin-schrank	Schlafmütze	Der Zwerg ist so *müde*, dass er auf der Suche nach Koffeintabletten ist.
Handtuch	Pimpel	Er ist der Künstler unter den Zwergen und reinigt seine *Pinsel* im Handtuch.

Menge mitmerken

Bei den Zwergen steckt die Anzahl der Fakten im Namen. Um das Erinnern zu erleichtern, kann die Menge der in einem Raum abgelegten Fakten mit in den Raum eingebaut werden. So wissen Sie, an wie viele Informationen Sie sich erinnern müssen (wie im Beispiel mit den Gründerstaaten der USA). Im Fall der Zwerge würde das bedeuten, Sie blockieren die Badezimmertür mit einer Zwerg-*Kuh* (im Majorsystem die Übersetzung für die *7* und ein guter Hinweis auf die Zahl der Zwerge, die im Bad eingelagert sind).

Ein Römischer Raum muss nicht zwingend ein Raum sein: Alles, was eine Gruppe von Merkpunkten enthält, kann als Römischer Raum benutzt werden. Allerdings sollten Sie immer etwas auswählen, dass mit einem Blick erfasst werden kann. Ein Klassiker ist der eigene Körper. Aber auch das Mobiltelefon (Tasten, Display, Batterie, Antenne), das Auto, ein Haustier, eine Kaffemaschine, Ihr Lieblingsitaliener an der Ecke und der Schreibtisch (Lampe, Stifthalter, Computer, Telefon usw.) können zum externen Speichermedium Ihres Gehirns umfunktioniert werden.

Experiment

Denken Sie sich durch: Experimentieren Sie mit Orten, die für das Merken geeignet erscheinen, und definieren Sie Merkpunkte an mindestens zehn Plätzen Ihrer Wahl.

Aufgabe

Lernen mit Leib und Seele: Merken Sie sich die Einkaufsliste in der folgenden Tabelle auf Ihrem Körper und seinen Einzelteilen. Suchen Sie 15 markante Merkpunkte und verbinden Sie diese mit der Liste, zum Beispiel die Frisur mit dem Salat, Wein mit Fuß, Zahnpasta mit Achselhöhle!

Merkpunkt (Körperteil)	Information	Verbindung (Bild)
Haare	Salat	Statt Haaren thront auf dem Kopf eine unglaublich grüne Salat-Frisur.
	Wein	
	Kerze	
	Rotkohl	
	Zahnpasta	
	Nudeln	
	Pflaster	
	Knoblauch	
	Tee	
	Quark	
	Wurst	
	Sardellen	
	Müsli	
	Milch	
	Pizza	

Tipp

Sie müssen nicht unbedingt einen Gegenstand pro Körperteil platzieren. Wenn es sich anbietet, können Sie Fakten genauso wie beim Bündeln zusammenfassen. Das spart Merkpunkte! Zum Beispiel stecken Sie sich die *Kerzen* in die *Ohren* und kleben Sie diese mit *Pflaster* fest. Die *Milch* quillt aus Ihren *Augen* und Sie trocknen die weißen Tränen mit *Teebeuteln*.

Bevor Sie weitermachen, gehen Sie in Gedanken noch einmal zurück ins Bad und schauen Sie, ob die sieben Zwerge dort immer noch vollständig versammelt sind. Danach prüfen Sie, ob Sie im Supermarkt beim Einkaufen nichts vergessen hätten.

Weiterführende Übung

Hochgeschwindigkeit-Zoo zwischen Sessel und Sofa: Merken Sie die folgenden Lebewesen und ihre Bewegungsgeschwindigkeiten in Ihrem Wohnzimmer. Und bauen Sie unbedingt das Tempo der Tiere ein!

Tier	**Tempo**
Schwarzleguan	34 km/h
Mensch	43 km/h
Schwärmer	53 km/h
Strauß	69 km/h
Gepard	113 km/h
Fächerfisch	113 km/h
Mauersegler	171 km/h

Quelle: in Anlehnung an „Auf einen Blick“, Draught Associates

Wenn Sie schon dabei sind, dann können Sie gleich weitermachen mit den schnellsten Fortbewegungsmitteln. In diesem Fall wählen Sie den Raum dafür selbst aus. Kleiner Tipp am Rande: Verzichten Sie auf die Nachkommastellen bei der Geschwindigkeit. So viel Präzision ist kaum merk-würdig.

Kategorie	Name	Geschwindigkeit
Fahrrad	Varna Diablo III	132,5 km/h
Serienwagen	SSC Ultimate Aero TT	412,28 km/h
Boot	Spirit of Australia	511,13 km/h
Motorrad	BUB Number Seven	564,693 km/h
Eisenbahn	TGV (Frankreich)	573 km/h
Automobil	Thrust SSC	1228 km/h
Passagierflugzeug	Concorde	2140 km/h
Flugzeug	Blackbird	3540 km/h

Quelle: in Anlehnung an „Auf einen Blick“, Draught Associates

Weiterführende Übung

Praktisch alle Fakten, die in Gruppen auftreten, können mit dieser Technik gemerkt werden. Erweitern Sie Ihr Wissen um die höchsten Gebäude der Welt, um die längsten Flüsse und die kleinsten Staaten. Auch historische Ereignisse können Sie sich in Ihre Wohnung einladen, ins Fitness-Studio oder ins Solarium.

Tipp

Probieren Sie aus, wie viele Fakten Sie in einen Raum einbauen können, und steigern Sie die Anzahl der Fakten im Lauf der Zeit. Geübte Anwender schaffen zwanzig Merkpunkte pro Raum. Durch Bündeln können Sie problemlos fünf oder mehr Fakten auf jedem Punkt ablegen.

Benutzen Sie diese Technik aber nicht für Reihenfolgen, auch wenn das gelegentlich empfohlen wird. Zwar könnten Sie sich im Uhrzeigersinn durch Ihr Bad erinnern, aber nicht in allen Räumen stehen die Merkpunkte immer sauber aufgereiht herum. Wie Sie im nächsten Kapitel sehen werden, gibt es bessere Merktechniken.

Abenteuerliches Merken: Die Geschichten-Methode

„Lernen kann man stets nur von jenem, der seine Sache liebt, nicht von dem, der sie ablehnt.“ *(Max Brod)*

Experiment

Jetzt ist Märchenstunde! Schauen Sie sich die folgende kleine Geschichte an und lesen Sie den Text aufmerksam durch.

Ein Regenbogen entsteht aus Asche und endet in einer Tasse voll Wasser, das Wellen schlägt. Dieses Naturschauspiel genießen Sie am besten mit einem guten Wein, der aus Kirschen gemacht ist, die mit Käse bestreut sind. Diese werden in schaumigen Orangensaft geworfen. Das ganze wird mit einem goldgelben Laib Toastbrot umgerührt und mit Blättern bedeckt. In der Mitte wird ein Loch offen gelassen, damit ein blauschwarzer Rabe probieren kann. Wenn aus dem Gemisch violetter Wein geworden ist, dann parken Sie Ihren Rolls-Royce unter dem Regenbogen und trinken, bis Sie eine wunderschöne Rose blühen sehen.

Tipp

Bevor Sie weiterlesen, probieren Sie sofort, was Sie nach dem ersten Durchgang von der Geschichte merken konnten. Wenn Sie aufmerksam gelesen und sich alles lebendig vorgestellt haben, werden Sie sich sicher an einen Großteil erinnern.

Geschichten sind eine der ältesten Formen menschlicher Kommunikation. Alte Kulturen haben Sagen und Legenden zur mündlichen Überlieferung von Wissen benutzt. Unser Kopf ist auf Geschichten programmiert. Sie bieten einen großen Vorteil, der das Merken erleichtert, denn Geschichten sind häufig aus einer Reihenfolge von Ursachen und Wirkungen zusammengesetzt.

Sie werden ahnen, was sich in der Geschichte oben verbirgt: Sie enthält die Spektralfarben des Regenbogens in der richtigen Reihenfolge. Und nicht nur das: Gleich am Anfang sind mehrere Schlüsselwörter eingebaut, die auf weitere Fakten hinweisen: Die *Asche* ist nach dem Majorsystem der Hinweis auf *sechs* Farben. Die *Tasse* (TS = 10) und die *Wellen* der Hinweis darauf, dass die Wellenlänge mit eingebaut ist. Und die Werte der jeweiligen Farbe müssen mit zehn multipliziert werden.

Die erste Farbe ist *rot* (die *Kirschen*) mit dem *Käse* bestreut, der nach dem Majorsystem 70 ergibt, was auf die Wellenlänge von 700 Nanometer (nm) hinweist. Zweite Farbe ist *orange* mit *Schaum* als Zeichen für die 63. Multipliziert mit der *Tasse* ergibt das 630 nm. Schauen Sie genau hin, ob Sie alle Hinweise entdecken und diese selbst übersetzen können.

Hier die Fakten aus der Geschichte als übersichtliche Tabelle:

Farbe	Schlüsselbild	Wellenlänge	Schlüsselbild
Rot	Kirsche	**700–630 nm**	Käse
Orange	Orangensaft	**630–590 nm**	schaum(ig)
Gelb	Toastbrot	**590–560 nm**	Laib
Grün	Blätter	**560–490 nm**	Loch
Blau	blauschwarz	**490–450 nm**	Rabe
Violett	Wein	**450–400 nm**	Rolls(-Royce) und Rose

Weil die Bandbreite der Wellenlängen immer an den Wert der folgenden Farbe anschließt, wurde jeweils nur der Startwert in die Geschichte eingebaut. Nur bei der letzten Farbe sind zwei Werte ins Bild eingearbeitet (der *Rolls-Royce* und die *Rose*).

Weiterführende Übung

Genug erklärt! Jetzt denken Sie sich eine eigene Geschichte für den Regenbogen aus. Beachten Sie beim Konstruieren, dass die Fakten so gut wie möglich aufeinander aufbauen sollten und eng miteinander verbunden werden. Bei Filmen sprechen Drehbuchautoren von einer Ereigniskette. Je besser ein Merkpunkt auf den anderen aufbaut, desto leichter kann das Gehirn die Reihenfolge behalten: Kirschen in Orangensaft, umrühren, mit Blättern bedecken und probieren. Diese Folge kann der Kopf kaum verdrehen!

Tipp

Benutzen Sie zum Konstruieren einer Geschichte die Zwiebeltechnik. Beginnen Sie den Aufbau mit den Hauptinformationen. In diesem Fall den Farben. Wenn Sie dafür ein spannendes Märchen erfunden haben, bauen Sie die zweite Faktenschicht in die Geschichte ein, zum Beispiel die Wellenlängen.

Weiterführende Übung

Hier eine scharfe Sache zum Selbstlernen: Prägen Sie sich die Zusammensetzung von Curry-Gewürz mit Hilfe einer Geschichte ein. Das Rezept:

- Chili (12 Schoten)
- Koriander (50 Gramm)
- Ingwer (2 Teelöffel)
- Kurkuma (2 Teelöffel)
- Senfkörner (2 Teelöffel)
- Schwarzer Pfeffer (2 Teelöffel)
- Bockshornkleesaat (3 Teelöffel)

Diese Aufgabe ist leichter, weil Sie keine Reihenfolge beachten müssen. Sortieren Sie die Gewürze hintereinander, wie Sie am besten in die Entwicklung Ihrer Geschichte passen.

Machen Sie sich und Ihrem Kopf auch immer wieder klar, wie viele Informationen Sie mit Hilfe der Merktechniken zuverlässig behalten. Alleine in der Curry-Geschichte stecken sieben Gewürze und sieben Mengenangaben. Insgesamt 14 Informationen, die beim herkömmlichen Büffeln lästiges Auswendiglernen und ständiges Wiederholen verursachen würden.

Weiterführende Übung

Erinnern Sie sich, welcher wichtige Satz in das erste Telefon gesprochen wurde? Sicher wissen Sie noch, dass es insgesamt sieben Personen gibt, die alle als Erfinder des Telefons gelten. Merken Sie sich diese in chronologischer Reihenfolge – wieder mit Hilfe einer Geschichte.

Jahr	**Name**	**Beruf**	**Nationalität**
1837	Charles Grafton Page	Erfinder	Amerikaner
1844	Innocenzo Manzetti	Wissenschaftler	Italiener
1854	Charles Bourseul	Telegraphenbeamter	Franzose
1860	Antonio Meucci	Mechaniker	Amerikaner
1861	Philipp Reis	Lehrer	Deutscher
1875	Elisha Gray	Handwerker	Amerikaner
1876	Alexander Graham Bell	Sprechtherapeut	Brite

Auflösung

Aber konstruieren Sie bitte keine überausführlichen Romane! Die erste Informationsschicht kann knapp und knackig sein: Ein *Page* trägt *Manschetten* durch eine *Burg*, die aus lauter *Säulen* besteht. Er bringt *Mokka* und *Reis* zum *Grafen*, der die ganze Zeit mit der Glocke (englisch: *bell*) läutet. Damit wäre die erste Merkrunde vorstellbar knapp erledigt!

Überlegen durch überlegen
Geschichten zu konstruieren, Römische Räume mit Fakten bevölkern und alle anderen Techniken sind eine kreative Kunst. Deswegen nicht einfach alles wahllos in den Kopf merken, sondern wie ein Maler oder ein Komponist gedachte Kunstwerke erschaffen. Das darf dauern! Bedenken Sie, dass Sie so nicht mehr büffeln wie alle anderen und dass gut konstruierte Fakten länger im Kopf hängen bleiben.

Tipp

Wie viel geht rein? Geschichten können hunderte Fakten enthalten. Aber: Erhalten Sie sich Ihre Flexibilität! Nicht stur eine Information in einen Teil (Merkpunkt) der Geschichte stopfen. Bilden Sie weiterhin Bündel und Unterbündel, suchen Sie nach Mustern und Wiederholungen, die das Merken erleichtern. Das macht die Anwendung von Merktechniken abwechslungsreich und damit interessanter für den Kopf – auch beim Erinnern, denn Sie schwärmen so in lebendigen Bildern. Das ist Kino im Kopf!

Weiterführende Übung

Probieren Sie auch mit dieser Methode zu merken, wenn es schnell gehen muss: Spielen Sie *Ich packe meinen Koffer* und bauen Sie alle Gegenstände in eine Geschichte ein. In den Gedächtnistrainings schaffen die Teilnehmer problemlos und ohne Fehler rund 50 Gegenstände!

Denken auf schnellen Wegen: Routen

Warum selbst Geschichten ausdenken, Übergänge konstruieren, Effekte einbauen, wenn die ganze Welt bereits mit Geschichten vollgestopft ist? Wie Sie gesehen haben, können Sie mit der Zwiebeltechnik jede Gedankenkonstruktion mehrfach belegen. Sicher kennen Sie dieses Kinderlied: *Ein Mops kam in die Küche und stahl dem Koch ein Ei. Da nahm der Koch den Löffel und schlug den Mops entzwei.*

Wenn Sie diesen Text durchsehen, werden Ihnen sofort sechs Dinge auffallen, an die sich Wissen knüpfen lässt: *Mops*, *Küche*, *Koch*, *Ei*, *Löffel* und das *Gemetzel* am Ende (Stichwort *entzwei*). Diese Punkte lassen sich zum *Merken in Reihenfolge* nutzen.

Aufgabe

Zufällig hat dieses Kinderlied genauso viele Merkpunkte wie Heinrich der VIII. Frauen hatte. Wenn Sie nun die Reihenfolge der Frauen im Kopf behalten wollen, verbinden Sie einfach die Ehepartner des Königs mit dem Kinderlied – auch wenn beides eigentlich nichts miteinander zu tun hat.

Merkpunkt	**Name**	**Vorname**	**Trennungsart**
Mops	von Aragon	Katharina	geschieden
Küche	Boleyn	Anne	geköpft
Koch	Seymour	Jane	gestorben
Ei	von Kleve	Anna	verstoßen
Löffel	Howard	Catherine	geköpft
Gemetzel	Parr	Catherine	überlebt

Auflösung

Wenn Sie schon einen geübten Blick entwickelt haben, brauchen Sie nicht unbedingt Merkschicht für Merkschicht übereinanderzulegen. Verbinden Sie im ersten Schritt so viel, wie Ihrem Gehirn einfällt: Der *Mops* heiratet einen *adeligen Ara* in einem *Kasten* und lässt sich gleich wieder *scheiden*. In der *Küche* wird *Bowling* gespielt. Den *Koch sieht* man im Dunst der Küche nicht *mehr*. Das Ei wurde *gestoßen* und danach wieder *annähernd geklebt*. Im nächsten Bild *haut* der

(Tor-)*Wart* mit dem *Löffel* auf den Ball, dass der Löffelkopf *abbricht*. Und beim Koch-Tier-*Gemetzel* kann der Mops nicht *parieren*, *überlebt* aber knapp – so hat auch diese Geschichte ein gutes Ende! Es fehlen in dieser ersten Version zwar ein paar Details, aber die können Sie in der zweiten Merkrunde hinzufügen.

Die Merktechnik, die Sie gerade benutzt haben, heißt *Routenmethode* oder *Loci-Technik* (aus dem Lateinischen von *locus* = Ort oder *Platz*). Diese Technik wird oft mit geographischen Kenntnissen verbunden und kompliziert erklärt – ähnlich wie beim Verorten, aber auf endlosen Wegen durch die Stadt und über Land. Wie Sie sehen, müssen Sie gar nicht rausgehen, um diese Technik anzuwenden, denn bei der Routenmethode kann jede beliebige Reihenfolge zum Merken benutzt werden.

Aufgabe

Denken Sie sich selbst ein paar Routen aus und definieren Sie geeignete Merkpunkte. Hier ein paar Vorschläge:

- Märchen (zum Beispiel *Hans im Glück*)
- Gedichte und Lieder (Ihr Lieblingslied, *Hänsel und Gretel*)
- Filme (probieren Sie zum Beispiel einen *James-Bond-Film*)
- Kochrezepte (Merk-Zwiebelsuppe oder Denk-Schokokuchen)
- Witze (und jede andere Art von Minigeschichte)

Und es gibt noch viel mehr Reihenfolgen, die zum Merken zweckentfremdet werden können: Das Alphabet ist eine tolle Route, wenn Sie sich für jeden Buchstaben ein Bild ausdenken: Ameise, Berg, Checkpoint Charlie, Dom, Elefant und so weiter. Oder Sie denken sich gleich mehrere Themen-Alphabete und vervielfachen damit Ihr Repertoire an ABC-Routen. Auch das Majorsystem selbst ist eine gigantische Route: Tee, Huhn, Oma, Reh … Jede Zahl ein Merkpunkt! Besonders praktisch: Diese Route ist in sich nummeriert. Sie brauchen nicht einmal abzuzählen, wenn Sie sich an eine bestimmte Position denken wollen.

Auflösung

Das Volkslied *Hoch auf dem gelben Wagen* enthält zehn Merkpunkte in der ersten von insgesamt vier Strophen, also wieder jede Menge Platz zum Merken.

Hoch auf dem *gelben* *Wagen*

Sitz' *ich* bei'm *Schwager* vorn.

Vorwärts die *Rosse* jagen,

Lustig schmettert das *Horn*.

Berge und *Wälder* und *Matten*,

Wogendes *Ährengold*. –

Möchte wohl ruhen im *Schatten*,

Aber der Wagen rollt.

Aufgabe

Probieren Sie es aus und verbinden Sie die zehn biblischen Plagen mit dieser Strophe:

- Ungenießbares Wasser
- Frösche
- Stechmücken
- Ungeziefer
- Viehpest
- Geschwüre
- Hagel
- Heuschrecken
- Finsternis
- Erstgeborene von Mensch und Vieh sterben

Tipp

Ein weiterer Vorteil: Gemerktes Wissen und Liedtext unterstützen sich gegenseitig beim Erinnern, also selbst wenn Sie das Lied nicht so gut kennen, helfen Ihnen die damit gemerkten Fakten gleichzeitig beim Rekonstruieren.

Weiterführende Übung

Merken Sie sich die Präsidenten der Vereinigten Staaten in chronologischer Reihenfolge mit Hilfe einer Route Ihrer Wahl. Hier der Anfang der 44 Staatsoberhäupter langen Liste:

Nr.	Begriff	Name	Vorname	Amtsantritt	Partei
1	Tee	Washington	George	1789	keine
2	Huhn	Adams	John	1797	Föderalist
3	Oma	Jefferson	Thomas	1801	Demokrat
4	Reh	Madison	James	1809	Demokrat
5	Öl	Monroe	James	1817	Demokrat
6	Schi	Adams	John Quincy	1825	Demokrat
7	Kuh	Jackson	Andrew	1829	Demokrat
8	Fee	Van Buren	Martin	1837	Demokrat
9	Boa	Harrison	William Henry	1841	Whig
10	Tasse	Tyler	John	1841	Whig
11	...				

Eine zum Merken geeignete Route steht in der zweiten Spalte: Verbinden Sie die Präsidenten zum Beispiel mit den Majorbegriffen. In *Washington* wird *Tee* getrunken und *Adam* küsst ein *Huhn* (statt

Eva). *Oma* küsst ihren *Schwiegersohn* und das *Reh* mäht *schon*, während (Marilyn) *Monroe* in Öl badet … Alles ziemlich verrückt, aber vorstellbar und damit merkfähig. Bauen Sie so die komplette Liste auf und erweitern Sie später und die restlichen Fakten.

Link

Die vollständige Liste der Präsidenten mit jeder Menge zusätzlichen Informationen finden Sie unter: http://www.humboldt.de/url/48154.

Präsidenten der USA

Experiment

Bevor Sie Ihre erste geographische Merkroute konstruieren, machen Sie folgende Übung: Zeichnen Sie eine Karte von einem Weg, den Sie häufig benutzen. Markieren Sie darauf auffällige Punkte, die als Merkorte benutzt werden können.

Weiterführende Übung

Merken Sie sich die Epochen der Erdgeschichte auf einer geographischen Route, zum Beispiel auf dem Weg in die Arbeit oder Ihrem Lieblings-Abendspaziergang:

- Kambrium
- Ordovizium
- Silur
- Devon
- Karbon
- Perm
- Trias
- Jura
- Kreide
- Tertiär
- Quartär

Tipp

Machen Sie sich bei Wikipedia oder im Lexikon schlau, was hinter den Fachbegriffen steckt, dann wird die Reihenfolge griffiger und vorstellbarer.

Spaziergang am Schreibtisch
Wenn es draußen regnet, reicht der Gang zum Computer, um Ihre geistige Karte zu überprüfen:
Bei SightWalk (http://www.sightwalk.de, nur ausgewählte deutsche Städte) bekommen Sie nicht nur eine Karte von oben zu sehen, sondern Sie können sogar virtuell durch die Stadt spazieren. Bei Google Street View lassen sich außerdem Wege einzeichnen und Punkte mit Symbolen und Text markieren – tolle Werkzeuge, um eigene Routen aufzubauen und zu verfeinern.

Auflösung

Der Orientierungssinn des Menschen ist hervorragend ausgebildet. Deswegen bieten sich für die Routentechnik alle Wege an, die Sie im Kopf haben. Ins Büro, in die Stadt, zur Bücherei, in den Supermarkt, zum Schwager, zur Cousine – an jeder Ecke stolpern Sie über jede Menge Merkpunkte.

Für die Erdentwicklung brauchen Sie nur elf Orte (oder weniger, wenn Sie doppelt belegen). Verlassen Sie im Geiste Ihre Wohnung und entdecken Sie, wie schnell Sie elf Punkte abgewandert haben, deren Reihenfolge zuverlässig von Ihrem Gehirn rekonstruiert werden kann:

- Garderobe
- Wohnungstür
- Treppenhaus
- Briefkasten
- Haustür
- Straße
- Wartehäuschen
- Straßenbahn
- Haltestelle
- Zeitungskiosk
- Treppe zur U-Bahn

Vermutlich wird es bei Ihnen zu Hause etwas anders aussehen, also verwenden Sie Ihren eigenen Weg. Anschließend müssen Sie nur kreativ verbinden! So haben Sie die erste Loci-Route angelegt und bereits mit schwergeschichtlichen Fakten belegt.

Weiterführende Übung

Bekannt aus dem Fernsehen und Disziplin aller Gedächtnismeisterschaften ist das Einprägen eines kompletten Pokerspiels mit 52 Karten. Wenn Sie im Kapitel *Denk-Standards* bereits für jede Karte ein Bild gefunden haben, stellt diese Übung für Ihren Kopf keinen größeren Aufwand mehr dar. Benutzen Sie als Route zum Beispiel das in Bilder übersetzte Alphabet. 26 Buchstaben mit zwei Karten pro Merkbild oder die einfachste aller *doppelten ABC-Routen*: Denken Sie sich für jeden Buchstaben einen besonders großen und einen ganz kleinen Gegenstand aus, wie beim erweiterten Zahlen-Symbol-System. So haben Sie schnell 52 Merkbilder im Kopf: *Ameise* und *Alpen*, *Ballon* und *Bergwerk*, *Charlie Chaplin* und *Checkpoint Charlie*, *Dose* und *Dom* und so weiter.

Tipp

Wenn Sie das erste Mal versuchen, in kurzer Zeit so viele Informationen zu merken, wird Ihr Kopf vielleicht unsicher werden und nach ein paar Karten das Signal geben, alles doch noch einmal gründlich durchdenken zu wollen. Ignorieren Sie die Reste veralteter Vorstellungen vom Lernen: Gehen Sie alle Karten zügig im Kopf durch. Verbildern und verbinden Sie, ohne zurückzudenken oder zu wiederholen. Anschließend prüfen Sie, wie viel hängen geblieben ist. Wenn Sie gut vorbereitet waren und kreativ gedacht haben, sollten Ihnen die meisten Bilder wieder einfallen!

Falls Sie gerade kein Kartenspiel zu Hand haben, hier ein Anfang von doppelter ABC-Route und Spielkarten:

ABC klein	Merkbild	Spielkarte	ABC groß	Merkbild	Spielkarte
a	Ameise	Pik 7	**A**	Alpen	Karo As
b	Ballon	Karo 2	**B**	Bergwerk	Kreuz 4
c	Charlie Chaplin	Herz 9	**C**	Check-point Charlie	Kreuz 6
d	Dose	Pik Dame	**D**	Dom	Pik As
e	Ente	Herz Bube	**E**	Elefant	Karo 8

Tipp

Um sich die Bilder der ABC-Route besser zu merken, verbinden Sie kleines und großes Bild miteinander. Das erhöht die Trefferquote beim Erinnern. Haben Sie eines der beiden Bilder in Ihrem Kopf wiedergefunden, erinnern Sie sich durch die Verbindung auch an das andere Bild: Die *Ameise* besteigt mit einem Riesen-Rucksack auf dem Rücken die *Alpen*. Gasgefüllte *Ballons* sind in *Bergwerken* wegen Explosionsgefahr verboten. *Charlie Chaplin* steht am *Checkpoint Charlie* und will die Grenze überqueren. Im stillen *Dom* kracht eine leere *Dose* auf den Boden …

ABC-Routen-Training

Wie bereits weiter vorne empfohlen: Das Ratespiel Stadt-Land-Fluss ist auch ein hervorragendes Routen-Training. So können Sie einfach und schnell zahlreiche ABC-Routen aufbauen. Experimentieren Sie auch mit neuen Kategorien und Themen: Gewürze, Prominente, Politiker, Automarken, Tiere, Farben, Sportarten und so weiter.

Weiterführende Übung

Merken maximal: Kombinieren Sie Römische Räume mit der Routenmethode, was besonders gut bei geographischen Routen funktioniert. Jeder Merkpunkt wird zu einem Römischen Raum. Bauen Sie eine Route Ihrer Wahl und bündeln Sie darauf die Disziplinen verschiedener Mehrkämpfe:

- Biathlon: Langlauf, Schießen.
- Aquathlon: Schwimmen, Laufen.
- Duathlon: Laufen, Radfahren, Laufen.
- Triathlon: Schwimmen, Radfahren, Laufen.
- Pentathlon: Fechten, Schießen, 200 Meter Schwimmen, Reiten, 3 Kilometer Laufen.
- Heptathlon: Hürdenlauf, Hochsprung, Kugelstoßen, 100-Meter-Lauf, Weitsprung, Speerwerfen, 800-Meter-Lauf.
- Dekathlon: 100-Meter-Lauf, Weitsprung, Kugelstoßen, Hochsprung, 400-Meter-Lauf, Hürdenlauf, Diskuswerfen, Stabhochsprung, Speerwerfen, 1500-Meter-Lauf.

Tipp

In den Namen der Mehrkämpfe stecken bereits Hinweise, wie viele Disziplinen absolviert werden. *Deka* bedeutet zehn. *Bi* und *Dua* stehen für zwei Sportarten. *Hepta* ist Griechisch für sieben und was beim Aquathlon hauptsächlich getan wird, dürfte wasserklar sein. Übrigens: Lernen Sie die griechischen Zahlwörter gleich mit.

Weiterführende Übung

Zum Schluss noch eine harte Nuss: Kennen Sie Entfernungstabellen? Entwickeln Sie für die Tabelle unten eine Technik, um sich eine zweidimensionale Matrix von Zahlen einzuprägen! Viel Spaß beim Knobeln!

Entfernungen in km	Delhi	Hong-kong	Lagos	London	Mexiko-Stadt
Amsterdam	3954	5772	3161	217	5724
Auckland	7838	5687	12853	11404	8085
Bangkok	1815	1065	7988	5919	9812
Brüssel	3981	5888	3063	206	5822
Buenos Aires	9823	11478	4916	6915	4592

Wissen macht schlau, aber nicht weise

*„Es ist nicht genug, zu wissen, man muss es auch anwenden.
Es ist nicht genug, zu wollen, man muss es auch tun."*
(Johann Wolfgang von Goethe)

Der menschliche Geist ist unendlich – zumindest sofern wir einigen höchst philosophischen Studien vertrauen. Die Aufnahmefähigkeit des Kopfes liegt weit über dem, was allgemein angenommen wird. Und was lässt sich damit anstellen? Alle Bücher der Welt lesen? Statistisch gesehen ist das nicht machbar: Laut einer Studie der Internet-Suchmaschine Google existieren 129 864 880 verschiedene Bücher auf der Welt (nicht berücksichtigt sind Übersetzungen und unterschiedliche Ausgaben). Wenn ein Mensch 75 Jahre alt wird, also etwa 4 Millionen Minuten am Leben ist, müsste er rund 3,3 Bücher pro Minute lesen – und gleich nach der Geburt mit diesem Kraftakt beginnen.

Merktechniken richtig anwenden bedeutet aber nicht nur, viele Informationen zu merken, sondern auch Wissen zu filtern. Sie sind nicht dafür gemacht, die Informations- und Kommunikationsspirale weiter zu überdrehen. Ihre Ansprüche sind das Maß, mit dem der Stoff ausgewählt wird. Die Variablen, die durch den effektiven Umgang mit dem Gehirn ordentlich verdreht werden, sind der *Spaß* am Lernen, die *reduzierten Fehler* und die *Zeit*, die Sie zum Lernen brauchen. Zeit brauchen Sie auch mit Merktechniken, aber Sie werden diese besser nutzen und mehr genießen!

Die Leistungsfähigkeit der Menschen liegt in ihren Köpfen. Ganz egal, wie ausgefeilt die technischen Spielzeuge sind, die wir uns in die Taschen stopfen, es geht nicht ohne ein gut gefülltes Hirn. Nutzen Sie die fantastischen elektronischen Helfer unserer Zeit, aber schauen Sie genau hin, wie uns diese Dinge verändern: Dank mobiler Telefonie ist die klassische Frage *Wie geht's Dir?* bereits von *Wo bist Du gerade?* abgelöst worden. Und beim Chatten im Internet heißt es dann: *Was tust Du gerade?*

Der Umgang mit unserem Gehirn wird sich – wie die Technik – in Zukunft weiterentwickeln. Nur ist das Internet gerade etwas mehr im Fokus der Medien. Matthew Syed ist überzeugt davon, dass „die Menschen ihre Leistungen noch viele Jahrhunderte, vielleicht sogar Jahrtausende steigern, ohne dabei an irgendeine unverrückbare Grenze zu stoßen". Immer wieder haben Menschen scheinbare Leistungsgrenzen plötzlich überwunden: Bevor der Saxophonist Kenny G eine neue Atemtechnik entwickelte, konnte ein guter Spieler einen Ton maximal eine Minute halten. Durch die von ihm entwickelte Kreisatmung schaffte er es, einen Ton 45 Minuten lang zu halten – und nach ihm viele andere auch.

Der Motivator Paul McKenna glaubt sogar an ein neues Zeitalter: Nachdem die Informationstechnik einen Höhepunkt überschreitet, wird die Menschheit sich so genannter Psycho-Technologie zuwenden, die den menschlichen Geist zu unvorstellbaren gedanklichen Höhenflügen befähigen wird. Albert Einstein hat das bereits vor über einem halben Jahrhundert ähnlich formuliert: „Die Probleme, die es in der Welt gibt, sind nicht mit der gleichen Denkweise zu lösen, die sie erzeugt hat."

Unsere Zukunft wird mit dem Kopf gemacht! Die (Merk-)Techniken dafür sind bereits entwickelt und werden von immer mehr Menschen benutzt. Und auch Sie haben mit diesem Buch begonnen, anders zu denken!

Experiment

Denken Sie sich zurück zum Anfang dieses Buches und beantworten Sie zu guter Letzt die Millionenfrage: Was tragen Paradesoldaten in England auf ihren Köpfen?

Wie geht's weiter?

„Leben ist nicht genug, sagte der Schmetterling.
Sonnenschein, Freiheit und eine kleine Blume gehören auch dazu."
(Hans Christian Andersen)

Hat Ihr Gehirn Feuer gefangen? Wenn ja, dann wird die in diesem Buch gezeigte Art und Weise zu denken in Ihrem Kopf einen ganz eigenen Weg gehen. Merktechniken reifen wie guter Wein: Sie werden viele eigene Ideen entwickeln und Ihre Merkleistung von Aufgabe zu Aufgabe steigern.

Wenn Ihnen diese Art zu denken gefällt und Sie die Anwendung von Merktechniken weiter verbessern und vertiefen wollen: *Einfach. Alles. Merken.* ist ein weiteres Buch zum Thema – inklusive einem Kompakttraining auf DVD für alle, die ein Live-Gedächtnistraining mit eigenen Augen sehen wollen. In diesem Buch finden Sie noch mehr Informationen, Anwendungsmöglichkeiten und -beispiele für die hier vorgestellten Merktechniken sowie weitere, ganz andere Techniken, noch mehr zu merken.

Wenn Sie auf dem neuesten Stand bleiben wollen, dann schauen Sie im Internet in das Blog zu *Trainiere. Dein. Gedächtnis.* und *Einfach. Alles. Merken.*
http://www.humboldt.de/url/48158

Blog zum Buch

Eine Sammlung von Eselsbrücken zu zahlreichen Themen der Allgemeinbildung sowie jede Menge Anregungen, wie praktisch gemerkt und in Bildern gedacht werden kann, finden Sie unter:
http://www.humboldt.de/url/48159

Eselsbrücken

Und im großen Wiki über Gedächtnistraining finden Sie die kleinen und großen Merk-Spezialitäten: von ausführlichen Majorsystem-Listen bis zu detaillierten Beschreibungen der Routenmethode:
http://www.humboldt.de/url/48160

Gedächtnistraining-Wiki

Mehr? Mehr! – Anhang

Links rum – Informationen im Netz

Basic English: http://ogden.basic-english.org/dbasice.html
die wohl einfachste Art, Englisch zu lernen.

Bien, Ulrich: http://www.denkreich.com; Homepage des Autors mit Nachrichten, Gedächtnistraining-Wiki und Merkbild-Datenbank

Bilderwörterbuch: http://www.bildwoerterbuch.com.
Mehr als 6000 Bilder zu 17 Themengebieten.
Eine Fundgrube lehrreicher Infografiken.

Esperanto: Die Sprache online lernen unter
http://www.esperantoland.org/de/kurs/index.html.

Flaggenkunde: Auch Vexillogie genannt
http://de.wikipedia.org/wiki/Vexillologisches_Symbol.

Latein: http://www.latein.ch
viele gute Gründe und spannende Geschichten,
die Latein wieder in eine lebendige Sprache verwandeln.

Mental_Floss: http://www.mentalfloss.com/blogs
Die Seite für Wissens-Süchtige.

SelfControl: http://visitsteve.com/work/selfcontrol
Software zum Sperren von Webseiten für eine gewisse Zeit,
um sich nicht abzulenken.

Sternbilder: Liste der 88 verbindlichen Sternbilder
http://de.wikipedia.org/wiki/Liste_der_Sternbilder.

The Traveler IQ Challenge: http://www.travelpod.com/traveler-iq (Englisch).

Zahlen-Merken.de: http://www.zahlen-merken.de ist eine Online-Datenbank, mit der lange Ziffernfolgen in sinnvolle Wörter verwandelt werden (die englischsprachige Zwillingsseite http://www.rememberg.com liefert darüber auch die Namen von prominenten Personen).

Blätterwissen – Bücher

Ariely, Dan: Denken hilft zwar, nützt aber nichts. Warum wir immer wieder unvernünftige Entscheidungen treffen.

Bien, Ulrich: Einfach. Alles. Merken. Geniale Merktechniken für ein perfektes Gedächtnis.

Dörner, Dietrich: Bauplan für eine Seele. Vom Versuch, psychische Vorgänge auf Maschinen nachzubilden.

Draught Associates: Auf einen Blick. Alles, was Sie sich nicht merken konnten, verdammt gern wissen würden oder niemals lernen wollten. Wissen wunderbar visualisiert.

Fasten, Richard: Das Lexikon des verbotenen Wissens.

Foley Elizabeth/Coates, Beth: Hausaufgaben für Erwachsene. Alles, was Sie in der Schule gelernt und gleich wieder vergessen haben.

Gladwell, Malcom: The Tipping Point. Wie kleine Dinge Großes bewirken können.

Göpfert, Winfried/Herrmann, Horst: Allgemeinbildung für Dummies: Ich weiß, dass ich nichts weiß.

Greisle, Alexander: Information Overload: So organisieren Sie sich im Online-Zeitalter.

Grey, Richard: Memoria Technica – oder: Eine neue Methode für ein geniales Gedächtnis (als E-Book bei Archive.org unter http://www.archive.org/details/memoriatechnica00greygoog).

Hallinan, Joseph T.: Lechts oder rinks: Warum wir Fehler machen. Wissenschaft und Praxis einer typisch menschlichen Eigenschaft.

Heatley, Michael: Das Mädchen aus dem Song – Angie, Lola, Rita, Suzanne und Maggie May – und welche Geschichte sich dahinter verbirgt. Wer hinter den Namen aus berühmten Liedern steckt.

Kastner, Hugo: Mit Spielen lernen. Einfach spielend lernen! Spielen hilft beim Üben, Vertiefen und Anwenden von Erlerntem oder fördert soziale und kommunikative Fähigkeiten.

Lauster, Peter: Teste Deine Intelligenz. Mit den spannenden und interessanten Tests in diesem Buch lässt sich die eigene Intelligenz prüfen.

Moewig: So geht das! Das ultimative Anleitungsbuch. 500 Dinge und wie man sie macht. Durch die überwältigende Masse von Illustrationen wahrscheinlich das perfekte Fachbuch für den Kopf.

Neon (Herausgeber): Unnützes Wissen: 1374 skurrile Fakten, die man nie mehr vergisst.

Noë, Alva: Du bist nicht Dein Gehirn. Eine radikale Philosophie des Bewusstseins.

Oppolzer, Ursula: Super Lernen. Effektiv statt lustlos lernen! Von A wie „Aufwärmphase" bis Z wie „Zeitplanung".

Pöppel, Ernst/Wagner, Beatrice: Je älter desto besser: Überraschende Erkenntnisse aus der Hirnforschung: Warum das Altern eine Bereicherung ist – und das Hirn vielleicht viel besser funktioniert als in der Jugend.

Standage, Tom: Der Türke – Die Geschichte des ersten Schachautomaten und seiner abenteuerlichen Reise um die Welt. Die Geschichte der ersten Versuche, menschliche Intelligenz als Maschine nachzubauen.

Syed, Matthew: Was heißt schon Talent? Mozart, Beckham, Federer und das Geheimnis von Spitzenleistungen. Ein faszinierender Blick hinter die Kulissen von Genies und Talenten.

Wolf, Marianne: Das lesende Gehirn. Wie der Mensch zum Lesen kam – und was es in unseren Köpfen bewirkt.

Randnotizen

Viele Zitate stammen aus englischsprachigen Ausgaben der erwähnten Bücher. Diese Texte sind von mir so gewissenhaft wie möglich ins Deutsche übersetzt worden, können jedoch vom Wortlaut der deutschen Ausgaben abweichen.

Die Geschwindigkeit, mit der sich das Internet entwickelt und verändert, birgt das Risiko, dass gedruckte Hinweise auf Informationen in der virtuellen Welt rasch veralten. Sollten die im Buch abgedruckten Adressen nicht mehr das erwartete Ergebnis anzeigen: Schreiben Sie mir! Ich versorge Sie mit alternativen Quellen und Angeboten.

Ebenso freue ich mich über Verbesserungsvorschläge, Hinweise auf Fehler, neue wissenschaftliche Studien und Forschungsergebnisse sowie auf Ihre praktischen Erfahrungen. Sofern Sie mir diese mitteilen wollen, bin ich per E-Mail unter bien@humboldt.de oder schriftlich über den Verlag erreichbar.

Dank!

Eine Kerze brennt nur, wenn jemand da ist, der sie anzündet: Vielen Dank an meine Frau Olga, die mit ihrer unendlichen Geduld all die verrückten Ideen unterstützt, die meinem Kopf entspringen. Ebenso möchte ich dem gesamten Team des humboldt-Verlags danken für seine fantastische Unterstützung – vor allem Mark Wachsmann für seinen unendlichen Optimismus und seine Begeisterung für Bücher sowie Christoph Landgraf für seine Geduld, seinen Rat und die Unterstützung bei diesem Buch!

Register